日本のコード

〈日本的〉なるものとは何か

小林修一

みすず書房

日本のコード　目次

はじめに

「日本とは何か」。このあまりにさびついた問いが、今ほど緊急性を帯びるような時代はなかったように思われる。というのも、二一世紀に入ってからの急激なグローバリゼーションの襲来を前に、旧来の「日本的」なるアイデンティティや発想法、組織性、経営形態などの、グローバル市場への適応に向けた根本的な転換が迫られつつあるからである。否、すでにそうした地殻変動は日本社会の深部を突き動かしつつある。その結果、欧米社会にも共有された「格差社会」化や、新たな貧困問題の広がりなどが日本社会にも尖鋭的に見られるに至っている。だが、こうしたグローバル化にともなう普遍的な社会問題の台頭のみならず、明らかに「日本的」なる要因の変質に起因すると考えられる異常な事態が数多く報道されるようになってきている。ちなみに、インターネットのサイトを介した、それまで赤の他人同士であったグループによる「ネット自殺」などは、彼らの家族や身内、馴染み深い地域や職場の仲間集団といった日本人の生活空間を構成してきた主要な関係性（「ウチ」）の明らかな変質と、人々の適応不全をうかがわせる事態にほかならない。「自死」を前に、「一緒に死ぬ」仲間をネットで募るという「死に様」に、今日の「ウチ」(日本人の自我意識と関係性を支える軸心である)の疎外された様を垣間見ることができる。

また、本書の上呈を前に、昨年末以来のアメリカに端を発した世界規模の金融、経済危機の勃発は、まさにグローバリゼーションの負の局面の全面展開となっている。今後はその反動としての経済的保護主義と政治的ナショナリズムの台頭が予想される。その際、「日本的なるもの」の野放図かつ感情的な喧伝を回避し、グローバリゼーションの軌道修正と合わせて、将来の日本社会の展望を冷静かつ的確に構築する必要にせまられることになる。

だが、このグローバル化のあおりを受けて変質を余儀なくされてきたとされる当の「日本的」なるものの実質については、これまでも断片的、表層的な知識の寄せ集め以上の一貫性を持った見識は数えるほどしか見当たらない。今日、こうした緊急事態において不可欠とされる「日本的」なるものの究明とは、理論的、方法論的に一貫した視角に支えられた、「日本的」なるものを構成する多様な諸領域を横断的かつ統一的に説明しうる枠組みを具備するものでなければなるまい。そうした枠組みを通して捉えられた「日本的」なるものの変革ないし変質の可能性と限界、また、その予期しうる帰結の確認こそ、グローバル化への適応ないし過剰適応や適応不全のバランスを見極め、日本の将来の展望を的確に描くための必須条件にほかならない。

本書は、こうした統一的「枠組み」として、日本語、日本文化、日本社会(像)に潜在するレトリカルな「認知構造」（＝「日本のコード」）の析出を試みたものである。詳細は第二章で展開されているが、メトニミー的認知構造は、メタファー的認知構造に比べて、より原初的、基層的なものであり、しかも、そうした構造が古代以来ほぼ純粋に継承され、「日本的」なる上部構造としての日本的発想や文化、社会観を育んできたと考えられる。それを可能にしたのは、独自の地政学的条件によるところが大きいと考えられる。また、こうした日本語の構造の基底に位置する認知構造の所在は、丸山眞男の思想的「古層」（それは「語られた」言説の位相に位置する）と、フーコーのいう出来事としての「言表」（エノンセ）との間のどこかに位置するものである。「日本のコード」を巡る現実的諸条件群や方法論的に精緻な考察は残された課題である。にもかかわらず、すでに述べた「日本的」なるものを巡る緊急事態に呼応すべく、析出されたコードの提示を本書の課題とした。

二〇〇九年一月　白山の研究室にて

著者

I　日本語のコード

第一章　日本語の身体

人間の認知や思考といった精神的作用はその実、身体的基盤に支えられている。そのため、認知や思考の個体発生的、系統発生的な源泉を探求する試み（発達心理学や認知考古学など）はとどのつまり、当の身体性によって媒介された背景的な無意識や古論理の問題へと収斂されることになる。それを踏まえて、ここでは言語と身体性の関わりや、発生期の認知と思考のあり方を規定するレトリック思考との関わりを検討する。その上で、この「言語と身体」問題を日本語を対象にして（印欧語との対比を中心として）考察してみる。

1　認知言語学以前

（a）欲求と認識

人間の認識作用と身体性の関連についてもっとも突き詰めて考察した思想家の一人がニーチェであったことに疑いはない。(むろん、メーヌ・ド・ビランのような先行者の存在を否定するものではないが) ニーチェによれば、われわれの認識の作用は、それが発動される以前に、意識されることのない身体的 (生の) プロセスにおいてあらかじめ規定されている。というのも、そこでは「世界」はすでに「認識の対象」として象られ、変更されてしまっていなければならないからである。世界はすでに「調整され、単純化され、図式化され、解釈されている」[1]。そして、この精神的作用である認識以前の世界を象る機能とは何かというと、それこそが身体の生存であり、いわば「欲求」にほかならない。「世界を解釈するもの、それは私たちの欲求である」[2]。欲求は世界の「わがもの」化＝同化の作用である。かくして、ニーチェによれば、認識とはその精神的な営みの背後に隠された身体的な生存と欲求＝「同化」の論理にしたがって事物をあらかじめわがもの化し、解釈することをめざす作用にほかならない。そして、この「同化」の論理を彼は本来的な「隠喩」(メタファー) の働きのうちに見出す。

だが、こうした認識観は特段ニーチェの専売特許ではない。児童の知的発達の構造化を問題としたJ・ピアジェもまた生体の環境への適応＝生存の論理 (「同化」と「調節」) をヒトの知的発達の構造化の基盤に据えた心理学者の一人であった。「事実、知能は経験的所与のすべてを自らの枠組みのなかに組み込むものであるから、その意味でひとつの同化であるといえる」。未知なるものを既知なる枠組みへと取り込み、世界を「わがもの」化する「思考」や、それ以前の、感覚運動的知能のような「シェマ」への取り込みなど、「いずれの場合にも知的適応には同化の要素が含まれている。同化とは、つまり、外的現実を自己の活動に基づく形態に取り込み、これを構造化することである」(3)。ピアジェもまた、生存と適応の原理である「同化」の論理として、新規なるものを既知なるものへと取り込む隠喩的論理に気づいていた。

そして、世界のこうした言語的分節化(「言分け」)に基づく「言語的意味づけ」以前の、身体的分節化(「身分け」)とこれに基づく「身体的意味づけ」こそが、ヒトの身体性に固有の原初的な認知様式であることが予想される。というのも、この「身分け」はたとえば「自転車」の乗り方や泳ぎ方といった身体的技能などの習得=「分かり方」のように、言語化して他者に伝達することの不可能な認知様式(暗黙知――M・ポラニー)であり、その意味で、前意識的で身体化された分節化にほかならないからである。生物学者のフォン・ユクスキュルが有名なダニの生態に関する報告のなかで提示した「環界」(Umwelt)とダニの身体(「内界」)との間の(必然的に閉ざされた)「機能的円環」とは、ダニにとっての環境世界の独自の「身分け」の構造を指している。ダニの知覚は臭覚、触覚、温覚の三つしかなく、哺乳類の放つ酪酸を嗅ぎ分け、その皮膚に触れ、その体温を感じ取るためにそれらは機能する。ダニはその三つの感覚を下に世界を分節化=意味づけているわけである。それはまさしく非=言語的な世界の分節化=意味づけであり、ダニ独自の世界構築のあり方なのである。同様に、ヒトの場合にも世界と身体とは(身体から言語や道具、電子メディア、そして他者にいたる媒体によって媒介されることによって、象徴的世界へと向けて開放された)独自の関連の下に置かれている。ヒトにとって、世界はいわば二重化されているのだが、身体的に分節化=意味づけられた環境世界(しかし、それ自体がすでに人間以外の生体とは異なった変容を帯びている）と、言語的に分節化＝意味づけされた象徴的世界との間は決して無関係ではなく、まさしく後者は前者によって支えられているに違いない。ニーチェやピアジェの主張をユクスキュルの枠組みの側から言い直すならそういうことになる。

（b）認知問題の射程

今日では、認知言語学や認知意味論などによって、以上の認知問題は実証的、方法論的に格段の発展を見せているが、その問題の本質的な含蓄はニーチェやピアジェらの作品中に結晶化されている。そこで、そうした彼らの問題提起を継承し、緻密な展開を試みつつある認知言語学への橋渡しの前に、当の問題提起にはらまれた認知問題のさらなる広がりと射程について鳥瞰しておくことにする。というのも、ここで扱われる認知問題は単に言語学や意味論の一分科にすぎないどころか、はるかに射程の広い問題領域の一角をなすものであり、人間学や哲学の範域に及ぶものだからである。

その一つは、認知能力とその身体的源泉は、個体発生的には認知の無意識的基底へと開かれている点である。ちなみに認知の原初的な方策がレトリックであり、それがとりあえず、「新規なるものの、既知なるものによる置き換え」とみなすことができるなら、そうした認知の遡及は限りなく身体的、無意識的な知への遡及ということになる。というのも、人間にとって最もなじみのある身近な存在とはまずもって自らの身体だからである。いわばわれわれの意識的な思考はこうした身体的で無意識的な思考に支えられたレトリックでしかないのではないかというわけである。(4) ちなみにこの無意識的思考の代表は「夢」にほかならない。そこから、フロイトの夢の分析に関する認知心理学的考察への可能性も開かれてきているが、それは意識的な思考の論理とは全く異質な論理の提示へと導く。近年では、マテ・ブランコによって、こうした意識的思考の論理＝「二価論理」に対する「対称性の論理」の提起がなされてきている。その解説者によれば、フロイトの「夢」分析に際しての「類似性」の特権的な位置づけが注目される。夢における諸イメージの連鎖は、イメージ相互の「類似性」に基づく連想を生み出し、それはさらに新たな類似性の創出をも引き出す。[5] 先行するシニフィエとしてのイメージが、次にはシニフィアンとして新たなイメージの連想を生み出す。覚醒時の日常的な「二価論理」に対して、夢思考では、レトリカルな「対称性の論理」が主役となる。逆に、レトリック論者からは、無意識的な思考は、意識的で概念的論理とは異なる想像力の論理に従うものであり、レトリックの論理は無意識的なイメージ思考の論理でもあると示唆されている。[6]

このように、概念的、言語的思考の基盤には、身体的、無意識的な思考がこれを支えるべく控えていて、その思考の論理は概念的、形式的論理からはみ出すイメージ的、レトリック的なものとされている。認知問題はこうした認知もしくは思考の個体発生的源泉としての「無意識」領域へと、身体的論理であるレトリックを介してその射程を広げているのである。

そして、もう一つの認知問題の波及は、その系統発生的な源泉を廻る領域に及んでいる。これは現代人のみならず、現世人類における合理的思考の基盤を系統発生的に遡及する試みである。現代人に至る合理的思考の基盤を未開社会の論理のうちに求める試みはつとに認知人類学として成果を挙げてきている。レヴィ＝ストロースはルソーの言語起源論を受けて、トーテミズムのうちに表示された隠喩的論理こそ言語の根源に備わることを主張した。ティコピアの諸氏族はそれぞれがヤム芋やパンの木、やしの実の「身体」とその一部になぞらえられており、神々はうなぎ「である」とされる。この氏族と神々は「類似性」と「隣接性」の、すなわちメタファーとメトニミーの原理に基づいて言表される。[7]レヴィ＝ブリュールが「融即」の思考と名づけた未開の思考はこうしてレトリック思考であることが明らかにされ、それは今日「認知言語学」の研究対象でもある。

現生人類からの遡及という点では、いわゆる「認知考古学」の試みは、猿人から現生人類までの道具使用の考古学的資料に基づいて、それぞれの知能の発達をピアジェの「発達段階論」に対応させる作業や、[8]言語の体系であるパラディグムとシンタグムの基盤としてのメタファーとメトニミーの作用が可能になる複数の認知領域の相互の結合（認知的流動性）の考古学的探索を蓄積してきている。というのも（詳述は次章に譲るが）メタファーは（「人間」と「動物」などといった）異質な諸領域間の概念の投射（mapping）によって実現されるからである。そこから、レトリカルな発想を必要とする芸術制作に関わる認知過程には、①「技術的知能」、②「社会的知能」、③「博物的知能」の諸領域を結びつけるような流動性が必要とされる。まず、第二と第三の知能が一〇万年前に近東の初期現生人類のうちで統合され、六万年から三万年前にそこに第一の技術的知能が接合し、「文化の爆発的開花」とともに現代人の「心」の出現が導かれたとされる。[9]この流動的知能＝レトリック思考について、ミズンは社会的世界における発話から自然的世界に向けてレトリック思考が拡張されたといった方向性を提示しており、(10) それはいわばアニミズム的世界観の成立を予想させるものである。

このように、認知言語学の枠組みは、確実に「認知言語学以前」のニーチェ、ピアジェなどの人間論的な射程をも継承しつつ、学際的な広がりの中で突き詰めた研究が継続されてきている。そして、いまや、レトリックの論理は、言語活動のみならず、思考と実践といった人間活動の全般に渡ってこれを規定する要因として注目されてきている。そこで、まずはその独自の切り口から概観しておこう。

2　認知言語学的アプローチ

(a) カテゴリー論

われわれが生活上の諸事物を日常的にいかに認識しているかを考えてみると、とりあえず、それらは事物の「名称」すなわちカテゴリーの付与として成立していることが分かる。「これは机だ」「これはネコだ」というように。だが、机は机でないもの（たとえば椅子やテーブル）との対比によって、ネコはネコではないもの（たとえばイヌやブタ）との対比によって判断され、認識される。とするなら、われわれはこれらのカテゴリーによって包摂される範域について明確な知識や意識をもっていると考えられる。そこから、ネコというカテゴリーはネコに関する本質的な諸特性（哺乳類で、毛皮に包まれ、にゃんにゃんと鳴くなど）の集合として定義されると考えられる。これは概念の意味を真理条件や真理値によって評価しうるとみなす伝統的ないし「客観的」意味論の考え方である。だが、日常的な認識としては、われわれはそうした厳密な基準に基づいて「ネコ」を定義しているわけではない。むしろネコ「らしさ」についてのアモルフなイメージに基づいて目の前の生物を「ネコ」と呼んでいるにすぎない。では、そのネコ「らしさ」はどのように規定されるかというと、それを言語を用いて説明することはほとんど不可能であることに気づく。ちょうど、自転車の乗り方や泳ぎ方について、言語を用いて説明するのが不可能であるのと同じである。いずれも概念や表象とは異なる身体的経験に支えられたイメージだからである。(11)

こうした「らしさ」を認知意味論では「プロトタイプ」と呼んでいる。いわば「典型」である。そしてカテゴリーは「典型」（「ネコ」らしい「ネコ」）を中心として、典型性の弱い事例（「ネコ」らしくない「ネコ」）を周辺に配置し、カテゴリーの境界を画すような構造をなすと考えられている。(12) そして、概念以前の身体的経験の中で形づくられた「ネコ」のプロトタイプ（それは幼児の「ニャンニャン」の指示対象が、イヌのみならず、フワフワした毛皮つきのスリッパにまで広げられる地点から徐々に絞り込まれる過程で形づくられる）と同様に、生活上の様々な知識や経験を踏まえて生活上のカテゴリーは成立する。それゆえ、こうしたカテゴリーの境界は、ヴィトゲンシュタインが「家族的類似性」と呼んだように、きわめて曖昧なものであり、あくまで身体的経験として境界づけられた線引きにほかならない。

（b）イメージ図式

さて、ピアジェやワロンは児童の認知能力の基礎には反復され、身体化された経験の型が潜在していることに気づき、それを「身体図式」と呼んだ。M・ジョンソンは認知言語学の枠組みの提示において「イメージ図式」(image schema) の概念をU・ナイサーの「図式」論を下敷きに構想したことを認めているが[13]、当のナイサー自身は自らの図式概念をピアジェの「身体図式」を参考に仕立てており、認知言語学以前の蓄積はこの点でも継承されている。

それはともかくとして、ジョンソンはカテゴリーの形成における概念以前の経験がいかにパターン化され、一定の型のもとに秩序づけられるかを説明するに当たって、「イメージ図式」の概念を提示している。それはわれわれの生活上の諸経験を一定の秩序の下に統合し、それをパターン化するための身体的機制にほかならない。たとえば、「机の上」や「目上の人」から「景気が上向き」にいたる「上」方位をプラス価値とするイメージは具象的な心象＝イメージとは異なる形無き抽象にほかならない。だが、それがわれわれの直立した姿勢に根ざす身体化された機制のなせるわざであることも確かである。「イメージ図式」とはそのような身体的機制なのである。

だが、「机の上」が自身の「頭の上」からの直接的な類推に基づくことはあっても、それを「目上」の上司や景気の「上向き」へと意味的に拡張するためには一定の意味論的な飛躍がなければならない。それを可能にするのがレトリックである。ジョンソンが「イメージ図式」を「隠喩的投射」概念とセットにして提示するゆえんがここにある。「というのは、所与のイメージ図式は――はじめは身体の相互作用を伴う一つの構造として創発するかもしれないが――比喩として展開することが可能だからである。そしてそれをもっと抽象的な認知の水準で、意味がその周囲で組織されるような構造へと広げることができる」[14]。その場合、身体的相互作用の領域から思考過程の領域への隠喩的投射という形で、比喩的拡張がなされることになる。

これらのことをもう少し具体的に事例を挙げてみておこう。「イメージ図式」の事例として、「容器のイメージ図式」を考えてみよう。これは自分自身の身体や自分の家、コップなどを容器に見立て、その内容物を中身に見立てる図式である。**（図―あ）**のように、図式の構成要素はinとoutとの空間的境界と、それによって区切られるinとoutである。例えば、①He is in trouble. ②He is out of trouble.

といった二つの文章は上記の「容器の図式」を（なんらかのトラブルを抱えたという）精神的状態といった非空間的概念領域へと投射した結果成立する拡張にほかならない。

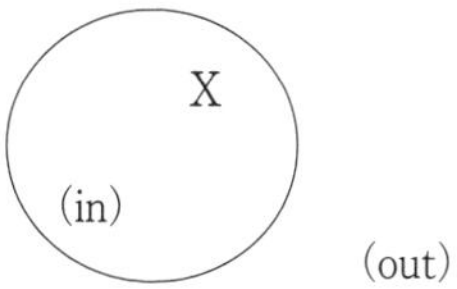

図－あ

このように、「容器図式」の隠喩的拡張は、われわれの身体的経験に支えられた「容器とその中身」についてのイメージを基盤にして成立している。さらに、こうした隠喩的拡張の生成のメカニズムについて言うなら、隠喩は一定の「起点領域」（source domain）から「目標領域」（target domain）へとイメージ図式を「投射」（mapping）することで実現される。

例えば、③Love is a journey.（恋愛は旅である）といった隠喩は、旅に関する「イメージ図式」、すなわち、旅の出発点があり、困難な経過があり、そして旅の終わりがあるといったイメージが「起点領域」をなす。これに対

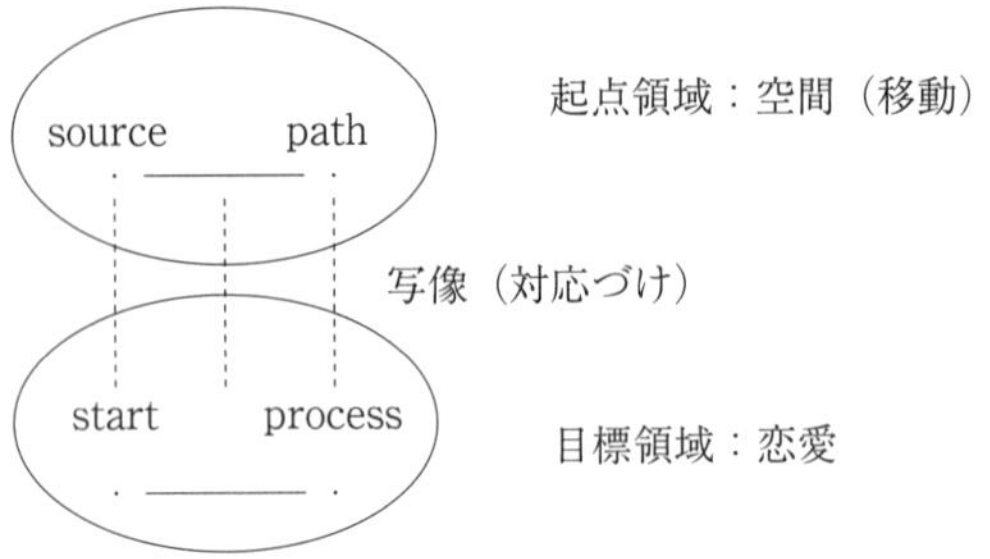

図ーい

して、「目標領域」の恋愛の展開のそれぞれに「出発点」「経過」「終点」を対応（投射）させることによって恋愛が一筋縄ではすまないいくつかの困難を経て、互いを結びつけるか、破綻するかいずれかの終末を遂げるものだという具体的なイメージないし思いもよらない発見をもたらすことになる（**図—い**）。

　こうして、ある概念領域（旅に関する）から、別の概念領域（恋愛に関する）への「投射」の能力がいわゆる「想像力」(imagination)に関わるものであることは容易に気づかれよう。ジョンソンもまたこうした点からカント以来の包括的な想像力の理論化に主著の一章を割いている。[15]

　こうして、認知言語学や意味論はわれわれの認知が身体的な（従って、無意識的な）図式に基づいたレトリカルなプロセスを経たカテゴリーの拡張によって成立することを明らかにしようとしている。そして、そのこと自体はニーチェやピアジェによって先鞭をつけられた発想であるが、それがより実証的な衣をつけたレトリック認識と思考の問題として再提示されている。また、こうした再提示は印欧語を中心とした構造言語学の言語観、とりわけソシュール以後の言語や思考を廻る思潮や、身体性の再発見といった思潮と交差しながら今日に至っている。そこで、こうした近年の成果を踏まえつつ日本語に固有の身体性について考えてみる。

3　認識と身体性

以上のように、近年の認知言語学や意味論の成果はレトリック認識・思考へと収斂されてきている。その成果から改めて日本語の特質に焦点を合わせた分析が可能となる。だが、その構文論的な検討は次章に回して、ここでは認識と身体性に関する点から日本語の特質について検討する。

まず、以上のプロトタイプに基づくカテゴリー論と身体化された「イメージ図式」論の提唱はソシュール流の言語記号観に対して新たな修正を迫ることになる。それは一般にシニフィアン（能記）＝「意味するもの」とシニフィエ（所記）＝「意味されるもの」との間の「恣意性」の規定に関するものである。ジョンソンによれば、このような「客観主義」的意味論と名づけられる立場は、実在の客観的側面を字義通りに概念や命題によって表現することが可能だとする。だが、それは真実ではない。その理由には二つが考えられる。第一は、自然言語の意味は比喩的で多様な意義からなるパターンを採ること、そして第二に、そのパターンは身体レベルに根ざしており、字義的な概念や命題集合には還元できないことである。「言い換えれば、意味には一般的非字義的（比喩的）な認知構造が伴う」(16)というのがそれである。つまり、日常的にわれわれが使用する概念や命題は、圧倒的にレトリカルに加工されたものであり、従って、それらは「字義通り」の意味を大きくはみ出している。ということは、その加工を促す身体化された図式（イメージ図式）によってそれらはパターン化されているわけである。端的にいうなら、われわれが通常使用する概念や命題は「認知的」に「動機付けられて」いるのである。

こうした主張は言語の「恣意性」仮説に対して真っ向から対立するものである。それは、言語を単にコミュニケーションの手段とみなす立場に対して、言語カテゴリーがそもそもそれ以前に「認知」的機能を果たしているという立場に立つ。つまり、単に言語の「構造」を問題にするのではなく、そうした構造自体が言語の「機能」によって規定されているはずだという問題意識に導かれている。そして、こうした言語の「認知」的機能の基盤には、身体的機制が潜在している。

すでにふれた（**図―あ**）の in‐out に関する「容器のイメージ図式」に立ち戻ってみよう。菅野によれば、

④ Harry weaseled out of the contract.（ハリーは契約を破った）
⑤ Harry took a coin out of his purse.（ハリーは財布から小銭を出した）

という二つの文に表現された「経験」には「ある閉じられた領域の中から外へと何かが移動する」といった共通するイメージ図式が備わっており、それは自己身体の in‐out 図式をプロトタイプとして成立したものである。

この「図式の特徴として見過ごすことができないのは、それがおのずと（naturally）意味をなす、という点である。換言すれば、〈外に〉の図式に、ソシュールの言うような恣意性はない。なぜであ

ろうか。図式的理解が基本的に私たちの身体のいとなみだからだ」[17]。〈外に〉という図式は身体的に「動機付け」られているのである。そして、この言語の反・恣意性＝有縁性といった「動機付け」から言語の機能に注目するならば、日本語論に対して新たな照明を当てることが可能となる。[18]

（a）日本語の身体性（1）――オノマトペ

ソシュールの言語記号の恣意性仮説は日本語の「イヌ」と英語の「ドッグ」といった命名を例にそれらの間にはまったく必然性も有縁性も見出せないことを根拠として提唱されている。だが、犬のほえ方で、日本語の「ワンワン」と英語の「バウワウ」とはどこかしら似ている。こうしたいわゆるオノマトペ（擬音語、擬態語）に関する限り、さまざまな言語の国際比較によって、名詞同士の比較に比べてはるかに多くの類似性を見出すことができる。たとえば、日本語の擬態語には「ヌルヌル」「ベタベタ」「グズグズ」といった反復表現が多用されているが、こうした傾向は東南アジア諸語には普通に見られる。それらに共通するのは、シニフィアン（記号表現）とシニフィエ（記号内容）との間に何らかの自然的な結びつきが見出せる点である。シニフィアンによって発声される音声（「ザーザー」）は、それによって指示されるシニフィエとしての対象（雨の降り方のイメージ）の音声との間の感覚的な＝自然の結びつきを残している以上、これは「恣意的」とは言い難い。

だが、このオノマトペのうち、擬音語については諸言語間での類似性は高いものの、擬態語については、とりわけ印欧語の場合、そもそも数が極めて少ない。たとえば、日本語の「歩く」に関する擬態語「ヨチヨチ」「ノロノロ」「ヨタヨタ」「トボトボ」「ブラブラ」に対応する語彙はそれぞれの歩き方を示す動詞である。「ヨチヨチ」歩くのは、totter、「ノロノロ」はloiter、「ヨタヨタ」はwaddle、「トボトボ」はtrudge、「ブラブラ」はstrollやrambleという具合である。この多様な動詞による使い分けは、日本語などの擬態語による表現が具象的な感覚性に満ちているのに対して、印欧語では語彙の分析的な分節化が進んでいる点でも対照的と言えよう。日本語の動詞はむしろ擬態語との相関が強く、動詞が先か、擬態語が先かは不分明ながら、両者の間に自然の感覚的な絆を見出すことができるものが多い。

たとえば、「いらいら」と〔いらだつ〕、「ころころ」と〔ころがす〕、「うねうね」と〔うねる〕、「ぎしぎし」と〔きしむ〕、「すべすべ」と〔すべる〕などである。[19] このように、日本語を含む東南アジア諸語とアフリカのスワヒリ語などにおける擬態語の豊富さは、分析的で抽象的な語彙によって現実世界に対する象徴的世界の自立を成し遂げた印欧語圏とは異なって、現実世界を引きずったまま、その内部に象徴的世界を埋め込む性向を示すものである。それだけ、言語自体にその身体的基礎の名残が付着しているといえる。

オノマトペのこうした特質を踏まえたうえで、さらに日本語に関わる特異性について考えておこう。そのひとつは、オノマトペの感覚性の問題である。擬音語が聴覚的な動きや状態を表現するものであるのに対して、擬態語はそれ以外の感覚（視覚、触覚、嗅覚、味覚）に基づく感性語である。だが、同時に「やわらかな味」「あまずっぱい匂い」「つめたい色」などといった感覚相互を交差させた（クロスモーダル）共感覚的な比喩表現が多く用いられる。これらの諸感覚の発生論的な順序からすると、触覚がもっとも原初的で、視覚や聴覚はより高次な感覚と考えられる。というのも、対象と感覚との間の身体的距離を考えてみるなら、触覚＝味覚＜嗅覚＜聴覚＜視覚といった関係が想定されるからであり、対象への「参加」ないし密着から「距離化」といった感覚移動はある意味での「文明化」に対応すると考えられるからである。[20] そして、日本語の擬音語、擬態語における触覚に関わる語の豊富さは、日本語の原初性を指示するものであり、「触という身体図式がその基盤にある」[21]と考えられる。さらに興味深いのは、日本語のみならず、認識方法や行為、対人関係などの日常生活においても、日本では触覚的感覚が重視されていることである。ちなみに、子育てにおける母子の身体的接触の度合いや、親子三人の「川の字」の添い寝といった（今では廃れてしまった）風習には、日本とヨーロッパでは極めて対照的なものがある。

ところで、擬音語は（次章で詳説することになる）メトニミーの典型の一つである。「ニャンニャン」はネコ、「ワンワン」はイヌ、ネコやイヌの鳴き声はその存在の属性の一部でしかないが、その一部分によって、全体を指示することになる。[22] 同様に、「胃がキリキリ痛む」や「花びらがハラハラ落ちる」、といった擬態語の場合も、その擬態語の音象徴性は事態から受ける感覚を喩えていると考えられる。擬態語とそれによって表現される事態との間には音象徴性に媒介された類似性があるといえる。[23] このように、オノマトペは「イメージ図式」とそこからの「比喩的拡張」を概念によってではなく、音象徴を直接的な媒体として実現するものなのである。

このオノマトペの具象性、体験性、感覚性といった特質は、一言で言うなら反抽象、反分析の傾向であり、現実をその豊かさのままに具象的かつ臨場的に体験したままに表現しようとする性向である。日本語の言説は、経験的現実から完全に自立することなく、現実のコンテクストに半ば埋め込まれているのである。[24] オノマトペの多用といった点からするなら、日本語とは、現実世界＝生活の現場（後述するように、これが「場所」である）に「参加」し、「内属」した立場と「視点」[25]によって、そこで体験的に感受し、感得した事態をなるべく抽象することなく、具象的に、出来事の経過するがままに、連続的に、「生き生きと」描写するよう「動機付け」られた言語であるということができる。

（b）日本語の身体性（2）――人称詞

日本語の身体性にまつわる特質は「人称詞」についてもあてはまる。印欧語における「人称代名詞」の「普遍性」（N・エリアス）には大きな限定が必要である。一〇六六年のいわゆる「ノルマンの征服」を画期として、英語史はそれ以前の古英語（Old English）と、それ以後の中英語（Middle English）とに区別される。「普遍的」とされる人称代名詞は実は古英語にはあてはまらない。そこには主語が不在であるだけでなく、「無人称」の語も多く、また、中英語以降の構文SVOは、古英語では日本語同様（主語Sはそもそも存在しないのであるから、SOVではなく）（C）Vの形を採っていたと考えられている。[26]

そこで、印欧語の主語の単一性ならびに人称代名詞のあり方と比較して、「特異な」人称詞として評価されてきた日本語の「人称詞」、すなわち、単一ではない「私」「僕」「俺」といった（通常は文中には明示されないが）「主語」（というより「話し手」）や同様に多様な対称詞、他称詞の存在は、印欧語以外の言語圏では決して珍しいものではない。

こうした人称の多重性については、そもそも「我思う、故に我あり」といった極めて抽象的かつ中性的、単一的で独我論的な一人称のあり方自体が特異であることをまず認める必要がある。日常的には様々な他者との様々な関係の中で「私」は多重化されているはずであり、語り手はその具象的な関係性に彩られ、象られていると考えられる。(27)「語る」時、ひとは相手に「騙る」のであって、そこでは自身と相手との相互性のあり方（対等か、序列的かだけでなく、親子か兄弟か、それとも医師と患者かといった関係性の内容）によって、双方がそれぞれ関係構築の「共犯者」になっているのである。

以上のことを踏まえて改めて日本語を問題とするなら、印欧語の人称代名詞における「話し手」の「視点」と日本語の「話し手」の「視点」との決定的な乖離に注目せざるをえない。それはエリアスの用語で言う「参加」の視点と「距離化」の視点との違いである。同様の見解は古英語における「主語」不在を説いた金谷では「神の視点」と「虫の視点」として区別されている。すなわち、英語の「神の視点」からすると、自分を含む、言説上の人称はすべて客観的かつ抽象的な関係に基づいて位置づけることが出来る。これに対して、「虫の視点」に立つ日本語では、状況内で蠢く語り手の視点からしか、人称の関係を位置付けることは出来ず、それは語り手と複数の他者との具体的な関係に応じた人称「名詞」（私、僕、先生、お客様など）を引き受けるといった形をとることになる。(28)

そして、こうした日本語における状況へと「参加」した「虫の視点」によれば、状況を構成する関係の場は、印欧語の人称代名詞のような抽象的な関係であることはできない。関係の具体性、現実性、相手の多様な社会的人格とそれに対する自身の立場に付着した多様な人称表現を引き受けることになる。

以上のように、印欧語における「われ」―「われわれ」／「なんじ」―「きみたち」／「かれ」―「かのじょ」―「それ」／「かれら」―「それら」といった一人称から三人称へと広がる人称語彙は日本語には元来存在せず、日本語のいわゆる「自称詞」「対称詞」「他称詞」(鈴木孝夫)の類はすべて社会的かつ現実的な自他関係としての「役割語彙」に語源を持つ人称「名詞」である。印欧語における「人称代名詞」が一～三人称を徹底して言説上に対象化＝抽象化するのに対して、日本語の場合、人称(名詞)は社会的現実における具体的関係性を残したまま象徴化されている。それは現実のコンテクストに埋もれたままに言語化ないし非言語化(主語なし)される。これは、印欧語では実存的主体(オルティグ)としての「話し手」自身もまた徹底的に言説上に対象化されるのとは対照的である。その典型が「再帰代名詞」である。金田の挙げる例で見ておこう。

I found myself in jail.

この英文は他動詞の find を用いたものだが、直訳風にいうと「私は私自身を牢屋の中に見出した」ということになる。同じ意味内容を日本語文で表現すると、「(気がついたら)牢屋にいた」となり、この場合「気がつく」も「いる」も自動詞である。[29]

英文の「話し手」は自らを「主語」Ｉとして対象化した当の文中で、主語Ｉが自身を牢屋の中にいるのを「発見した」といった構図となっている。つまり、牢屋の中にいる自分を、いわば客観的にその「外部」から見て取る「話し手」は、その行為の担い手である自身を主語として客観化するといった構図である。これに対して、日本語文の「牢屋にいた」とは、「話し手」自身の状況描写であるが、「いる」主体（としての主語）は文中には不在である。「話し手」自身は牢屋の「内側」から「内にいる」自身を語っていることになる。「話し手」＝主語であり、それゆえ主語を明示しない日本語文では、「話し手」の「視点」は話された状況に内属したまま表面化しない。

こうした主語の不在と視点の内在との関連はつとに池上によって指摘されてきたところでもある。「話し手」の存在を前提化することによって、「話し手」＝主語を省略しがちな日本語文では、印欧語文の「主語」や、超越的「視点」とそこからの「外的」観察とは対照的に、「問題となる状況の〈内〉に身をおいて、自らがそれに関与し、経験している〈主観的〉な認識者として捉えるという場合は、認識の原点としての自分自身は言語化の対象としては意識されないまま、いわば〈無化〉され、〈ゼロ〉として表示される(30)」のである。

そこでは話し手自身が語られる状況の一部となっている。したがって、状況の記述は対象化されたモノについてではなく、自らの体験に関する内容となる。ところで、有名な川端康成の「雪国」冒頭の一文、「国境の長いトンネルを抜けると雪国であった」の「話し手」の視点こそ、その典型にほかならない。そこでは「話し手」は語られる状況の一部として、そこに内在している。したがって、

「見る」主体、対、「見られる」客体といった対峙の構図ではなく、体験される状況の一部分として主体（語り手）はそこに内属している。池上はそうした内在的視線は、対象に対する外在的かつ超越的な視線に比べて、より「元型的」であると指摘している。[31]

そして、この視点が内在する固有の「場」の存在こそが、日本語の構文を可能にする磁場をなすものであり、さらにコミュニケートし合う双方にとって共有されていることが暗黙のうちに前提されている。たとえば、ある場面における話し手の「寒い」といった発話が、それだけで十分意味を達成するのはなぜかという疑問に対するベルクの考察は、場への視点の浸透を明らかにしている。「実存的意味での主体（＝話し手——引用者）と対象が、ある共通の雰囲気に、そこに付随して生じる場面の雰囲気に、同時に参与しているのである。『寒い』という文章には、雰囲気が実存的主体によって知覚された姿のまま直接現われ、主語と対象は偶然その場にある関係の中で互いに相手を内包しているのである」。[32] つまり、「寒い」といった発話がストレートに相手に伝わるのは、自他が共有する場面が、自他に共有されるが故の一定の空気＝雰囲気に包み込まれているからにほかならない。そして、日本語ではこうした「場」は「ウチ」と呼び習わされてきた。

（c）日本語の身体性（3）——場所と視点

さて、こうして日本語のあらゆる側面を規定すると考えられる[33]「ウチ／ソト」の議論に出会うことになる。「内／外」を空間的レトリックとみなす立場から、瀬戸はそれを「中心／周縁」や「遠／近」

の概念群と比較検討している。その「視点」のあり方に関する検討の結果はそれらいずれの場合も「視点」は「内」「中心」「近」の側にあるのが常態であるとされる。その上で、「…『内外』のメタファーは、その大部分が『内』に視点をもつか、『内』の視点を参照点（仮の視点）にした表現である。もう1つ気づくことは、『内』と『外』とは、基本的には場所表現であり、位置表現である」とされている。[34]つまり、「内／外」は単なる空間的な概念ではなく、そこに主体ないしその「視点」や関係が内属する「場所」である。この「空間性」と「場所性」との違いは、印欧語のいわゆる指示詞（this／that・here／there）のように、主語（個人）を中心とした物理的な距離によって差異化される「空間的」な概念と、日本語のように関係性の「場」それ自体に関わる「場所的」な概念との違いによって典型的に表現されている。ちなみに、大野はいち早くこの違いを指摘していた。「学校文法などではコソアドの体系を近・中・遠・不定という四つの体系と教えることが多いらしいが、日本の古典語を調べると、どうもソ系の代名詞をそのように説明することには問題がある。ソ系は近・中・遠の『中』を示すものではなく、むしろ『我』と『汝』とがすでに知っているものを指すと考えたほうがよいと思う」[35]という指摘である。つまり、コ系の「ここ」「これ」「こなた」などは話し手と話し手にとっての「ウチ」とみなすところを指し、「かしこ」「かれ」「かなた」などのカ系は「ソト」、そして「そこ」「それ」「そなた」などのソ系の指示語は、身「ウチ」同士に共通のものを指すと考えられるのである。その上、この「ウチ」なる親密な関係性の場こそが、実は日本人にとってコミュニケーションが生じる「場所」なのであって、そこから排除された「ソト」はその意味では「非＝無場所」とみなされる。したがって、この「ウチ／ソト」の場所性を廻る概念は、英語で言う「inner - outer」「ingroup - outgroup」といった空間概念（いわばそれらを鳥瞰する「神の視点」から客観的に分節化された分類）と混同されるべきではない。

このような「空間」とは区別された「場所」とは、主体（主語）がまず（理念的な意味において）空間とは独立に存在し、その後、この主体が入る「容器」として指示されるような「空間」ではない。主体（話し手）がそもそも組み込まれている具体的、環境的な場として、したがって、それらと相互媒介的に関わっているはずの、場を共有する他者との関係によっても織り成される場としての「場所」という意味で「ウチ」は存在する。これはまさに本論冒頭で触れたユクスキュルのいう「環境世界」（後にハイデガーによって「世界内存在」にとっての「世界」として再規定された本質概念）に対応するものである。そこでは、「世界」は「内存在」である現存在＝人間から抽象されてあるわけではなく、あくまで「世界内存在」、環境的存在として相互に規定しあい、互いに組み込まれ合っているものと考えなければならない。ダニにとっての世界はダニの存在基盤をなしており、それはヒトにとっての世界とは同等化しえない独自のものであり、逆に人間にとっての世界についても同じことが言える。

池上はこのように世界に込みこまれた自己を（その世界から抽象した印欧語の「主語」とは異なって）その世界に「参加」し「内属」したままに捉えた位相として「環境論的自己」ないし「場所としての自己」と称している。そこでは語られる出来事の過程の内部に語る主体が属していて、自らのその体験を描写した内容が「語られたこと」を構成する。したがって、語りの原点となる「語る主体」が主語として語られることはない。(36) こうして、日本語における主語の不在と、実在的な「話し手」の内在的な「視点」、さらに日本語の言説における経験的現実（コンテクスト）との相互浸透といった諸特性は、基本的に日本語の「身体性」に関わるものとして特徴づけることができるが、同時にそれらはすべて「話し手」とその「視点」が内在する場＝「ウチ」（およびそこから外れた非場所＝「ソト」）に関わる日本語の場所的被規定性の問題に収斂すると考えられる。

第二章　日本語のコード

日本語と印欧語における言語的差異は、単に表面上の構文論的な違いを越えて、ジョンソンのいわゆる「イメージ図式」の水準、すなわち、ことばの「身体性」のレベルにおける差異へと収斂されることが前章の考察によって明らかになった。そして、この「イメージ図式」に関わる認知様式の違いは、言語的認知以前のより深層の知のありかたを規定している。ここでは認知意味論における「レトリック認識」の地平から日本語の特質とりわけ構文論的特質の検討に着手する。そのために、まず、前半では認知意味論における「レトリック」の認知機能のメカニズムを概観し、それを踏まえて、日本語と印欧語との構文論上の違いの深部に潜む認知構造について検討する。

1　レトリックと認識

前章では、ニーチェやピアジェにおける「認識」の源泉としての「レトリック」への焦点化がジョンソンらの「認知意味論」や「認知言語学」の試みへと継承されてきた点を見てきた。その試みからは、「肉体の作用」（ニーチェ）としての「同化＝わがもの化」（ピアジェ）である認識＝理解について、こう整理されている。「むしろ、理解とは、われわれが『世界をわがものとする』しかた、われわれが世界を理解可能な実在として経験する仕方である。それゆえ、このような理解はわれわれの存在全体——身体能力や技能、価値、気分や態度、すべての文化的伝統、言語共同体との結びつき、美的感受性などにかかわる。要するに、理解とはわれわれの『世界内存在』の様態なのである(1)」。

われわれが世界と関わる原初的なあり方としての肉体的な外界の摂取＝同化である生命過程は、精神的な地平でも外界の「取り込み」＝同化としての「レトリック」の機制と結びついている。それは言語以前の、身体的「同化」といったより深層の論理に導かれた世界との関わりにほかならない。そこから、従来、文彩として文章の表現形式の問題へと閉ざされがちであったレトリックの諸問題が、単なる表現形式を越えた認知と理解のみならず、新たな意味の創造、発明、さらには、行為と実践の方向付けの作用にも関わる問題として、脚光を浴びるに至ったのである。そもそもレイコフとジョンソンによって多くの事例とともに提示されたレトリックの機能には、新たな意味や現実の創出だけでなく、われわれの行動を基礎付ける知覚様式や行動パターンの改変も含まれている(2)。そこで、こうした現実構築作用をもつレトリックのうち、主要なものとして、ここでは「メタファー」「メトニミー」そして「シネクドキー」のそれぞれについて見ておく。

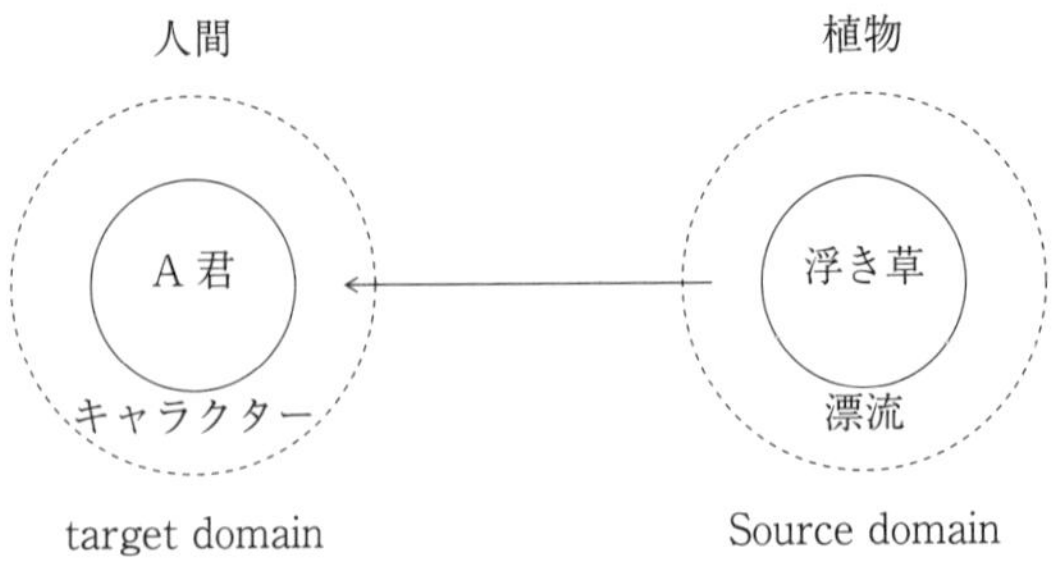

図ーう

（a）メタファー

メタファーとはあるもの（A）を別のもの（B）に例えたり、なぞらえたりして認識し、表現する方策である。その場合、Aは認知上あまりなじみのない、いわば未知なる事象であり、それ自体として認識することが難しいものである。その認知的困難を越えるために、それをよりなじみのある別の事象Bになぞらえることによって、より分かりやすくすることが眼目である。認知意味論では、この喩えられる未知なる事象（被喩辞）Aを「目標領域」（target domain）、喩える既知なる事象（喩辞）Bを「起点領域」（source domain）と名づける（**図―う**）。

例えば、大学卒業後、就職の内定を反故にしてフリーター生活を続けながら、将来のビジョンを立てることもなく、同期の仲間に対する焦りを見せることもなく、なぜか充実した日々を送っているように見えるA君の生活ぶりを「彼は浮き草さ」と喩える場合などである。

二〇代半ばのA君の生き様のみならず、それを自然と感じさせる彼の性格などを事細かに描写して表現するのではなく、それを「浮き草」に喩えることで、その生活ぶりやそれを自然に演じてしまう彼のキャラクターを一言で表現することができる。むろん、A君は人間であり、「浮き草」は植物であるから、両者は異なる領域のものである。だが、この両者を対比させることによって、聞き手はA君のキャラクターを鮮明なイメージとして把握することになる。二〇代半ばのA君のキャラクター＝「目標領域」に対して、水面に漂う「浮き草」＝B＝「起点領域」から「イメージ図式」が投射（mapping）されるわけである。同様のメタファーは、怖い「先生」を「鬼」になぞらえたり、油断のならない人物を「きつね」になぞらえる場合や、恋愛のプロセスを「登山」になぞらえるなどの事例のうちに見られる。この「目標領域」への「起点領域」からのカテゴリーの「投射」について、ジョンソンは「隠喩はおそらく、カテゴリーを横断するような構造を投射して意味の新しい結合を打ちたて、イメージ図式を拡張し開発するための中心的手段である(3)」と説明している。

ここで注意しなければならないことは、メタファーは二つの異なる領域（人間と動物、人生と空間、人物と物の怪など）に属する別々の概念間にある類似性を見出し、それを理解する能力に基づいている点である。この異なるカテゴリー間の比較を可能にする視点とは、それら諸領域にとって外在的かつ超越的なものであるから、いわば「神の目」ということができる。しかも、この異なるカテゴリー間の距離が大きく、非連続的であるほど、そのメタファー的効果は斬新さをきわめることになる(4)。

そして、こうしたメタファーの「視点」の「外在性」とカテゴリー間の「非連続性」といった特質は、日本語の内在的「視点」と「連続性」への嗜好とは相対立するものである。野内によれば、欧米の詩にはこうしたメタファー表現が頻繁に活用されるのに比して、日本の場合は「おとなしい直喩」の方を好む背景には「両者における自己主張」のあり方の違いがあると推測されるという。(5) いうまでもなく、この「主体性」の違いと、「視点」の差異とが相関していることは容易に予想されるところである。(6)

（b）メトニミー

メトニミーは一般に「近接性」に基づく比喩と定義されるが、その場合の「近接性」にはきわめて多様なものが考えられる。ちなみに、

（1）容器と内容（鍋が煮えた）――いうまでもなく、煮えたのは鍋ではなく、内容物である。

（2）産地と産物（つむぎはやはり大島だ）――大島つむぎのことを「大島」で代用している。

（3）作家と作品（川端は表現がねちっこい）――川端康成の作品を「川端」で代用している。

これらのメトニミー（換喩）は内容や産物、作品を指示するために、それらを端的に代表しうる要素ないし部分（つまり、それが容器や産地、作家である）を活用する場合である。一般的には、ある集合（全体）の中で、最も目立つ要素（部分）が、全体に代わってこれを指示することになり、いわば「部分」によって「全体」を「クローズアップ」する方策と説明されている。(7)

こうした「全体」「部分」関係にはそれ以外にも、

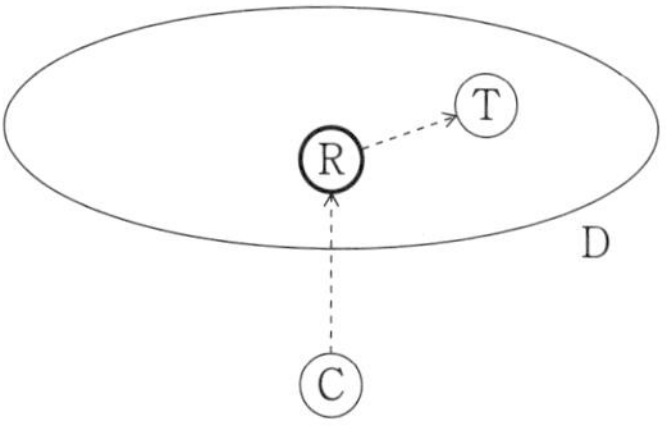

図ーえ

（4）物品と使用者（二塁にはもっとうまいグローブが必要だ）
（5）制御する者と制御されるもの（ニクソンがハノイを爆撃した）
（6）機関とその責任者（教学側の方針に理事会は反対した）
（7）場所と機関（ホワイトハウスは沈黙したままだ）
（8）場所と出来事（このままではフィリピンがベトナムになってしまう）
（9）部分と全体（ひげ〔ひげのある人〕は雇わない）
（10）結果と原因（唇をかむ）

などがある。このように、メトニミーの種類は多様であり、それらは「近接性」の多様性に対応したものである。認知意味論の観点からは、このメトニミーの構造は「参照点構造」（reference-point construction）と考えられている。谷口によると、**（図―え）**にしたがって、こう解説される。「その参照点構造とは、概念化者（C）が、あるターゲット（T）に注意を向けたいが、直接そのターゲットにアクセスするのが困難な場合、より注意を向けやすい参照点（R）にまずアクセスをし、参照点を経由してターゲットに注意を向けるというものである」[8]。

例示の（7）で言うと、アメリカ政府の何らかの政策的提言がなされるであろうと推測されるなか、その政府の高官が発言を控えている、といった状況を、「政府側の機関に属して、その提言に責任を負ういずれかの高官」といったターゲット（T）に直接言及するのが困難な場合、特定はされないが、そのターゲットを直接イメージしやすい「ホワイトハウス」という参照点（R）に代替して、状況の理解が促される。その場合、場所によって機関を指示するメトニミーが活用されることになる。

ところで、このメトニミーの構造における「視点」に注意しておこう。というのも、メタファーの場合、「目標領域」と「起点領域」は異質の文脈を構成しており、それぞれに属するカテゴリーもまた異なった領域のものであり、それゆえ、その両者を「比較」する視点は、それらを越えた、外在的、超越的な視点（「神の目」）でなければならなかった。これに対して、メトニミーでは、ターゲット＝目標概念（T）に対して、参照点（R）は、その「近接性」を保持した連続的で同一の領域の概念である。それゆえ、概念化者（C）の視点はこの同一領域の外部に設定されず、いわば内在的な視点となる。そして、（R）から（T）へのアクセスはメタファー的な異領域間の「写像」といった飛躍ではなく、同一領域内の心的に連続したものとなる。つまり「本来の意味での換喩とは連続した現実の上を動いて行く私たちの視線の移動にもとづく転換効果のこと」[9]にほかならない。

さらに、メトニミーが成立する出来事や場面に関する知識は時間的、空間的な「近接性」に関わるものであり、いわば時空間的な秩序ないし統合に関わるものである。そこからメトニミーを「『統合』（必然化＝合理化）への意志を体現するもの」[10]とする見解が生み出される。

以上の点から、メタファーが日本人の思考と視点にはなじみにくいのに対して、メトニミーは日本人になじみやすいことが分かる。ちなみに、日本語の「ウチ」概念が「わたし」「わたしたち」のみならず「家」、家族を含む「所属集団」などの一連の概念を包摂する点から、これを「メトニミー」好みの「日本語独特の現象」だとするベルクによれば、「ウチ」概念が包摂する諸概念の「同一性は、一方で、主体確定の弱さに、他方で、主体を位置づける社会的な場所（集団）と物理的な場所（家）の間の密接な対応関係につながる」(11)と指摘される。こうしたメトニミー的認知構造こそが、日本的と称される諸現象の基層に潜む「コード」にほかならない。

（c）シネクドキー

さて、従来はメトニミーの一部と位置づけられてきたシネクドキー（synecdoche）を巡っては諸説が混在している。そこで、シネクドキーをメトニミーの一部とみなすか、それともメトニミーとは独立した比喩とみなすかの問題を避けて通るわけにはいかない。

まずは、後者の立場に立つ論議を見ておこう。「シネクドキは、類と種の間の包摂関係に基づく意味的伸縮現象である」(12)とする瀬戸によれば、「花見」の「花」（類）は「桜」（種）を指示するものであって、この場合の類・種の関係は現実的、実体的というより、意味的なものとされる。また、「パンのみにて生きるにあらず」の「パン」（種）は、「食物」（類）を指示し、これまた意味的な関係とされる。瀬戸によれば、こうした意味的カテゴリーとしての類と種の間の包摂・伸縮関係こそシネクドキーの本質とされる。この包摂と収縮といった両方向の意味的な運動は、いずれにせよ、「桜」「日本酒」「パン」といった典型的なもの＝プロトタイプへの焦点化を軸として、その焦点への収縮か、そこからの拡張かへと向かう。(13)

従来、シネクドキーがメトニミーと混同されがちであったのも、この類・種の関係がメトニミー的な全体・部分関係と明確に区別されてこなかったからである。類と種とは、共に全体、部分のような実体的なものの関係ではなく、あくまでカテゴリー相互の関係であり、より包括的な「類」のカテゴリーのうちに「種」のカテゴリーが包摂されるといった関係である。この類・種の関係が意味的な関係であって、現実的、実体的な関係と明確に区別されうる限りは、瀬戸や野内、そして佐藤らのシネクドキー独立論は成立することになる。(14)

だが、問題はそれほど単純ではない。というのも、この類・種関係が純粋に「意味的関係」のみを構成しているか否かはきわめて微妙な問題だからである。それが明確に「事実上の関係」から区別された「意味的関係」であると言えるかどうかが問われなければならない。この両者が「絶対的に対立するわけではない」(15)と主張するのは菅野である。というのも、類としての「木」と種としての「桜」や「梅」「桐」との関係は「意味的関係」であるとともに「植物学的事実」の関係でもあるからである。同様の疑問は谷口によって、次のようにメトニミーの側から、提示されている。「たとえば、『シェイクスピアを読んだ』のようなメトニミーは『著者と著作物』の関係に基づいているが、この関係が実体的であるか概念的であるかは、微妙である。『シェイクスピア』は特定の人物を指してはいるが、私たちにとってシェイクスピアは、『実体』というよりはむしろ、一六—七世紀のイギリスの作家であるという知識上の人物であり、概念的な存在である」(16)。このように、メトニミーにおける「ターゲット」と「参照点」との関係が「事実上の関係」というより「意味的関係」であるとするなら、メトニミーとシネクドキーとを区別する基準は相対的なものとなる。

さらに、類・種のカテゴリー関係をわれわれがいかに具体的にイメージするかを考えてみると、【果物（類）――りんご、みかん、ぶどう（種）】といった、「容器と内容」といったメトニミー的イメージに基づいていることに気づく。その場合には、メトニミーとシネクドキーとは連続的なものとなる。そこから、類と種の意味的なシネクドキの関係を全体・部分のメトニミー的関係と連続的に位置づけるのが妥当であるとする見解(17)が生まれる。

このように、シネクドキーをメトニミーとは独立した比喩の様式とみなしうるか否かはきわめて微妙な問題であることが分かる。しかしながら、両者間を決定的に区別する基準＝「事実上の関係」と「意味的関係」とが明確に峻別しえないとする議論が生じている以上は、この独立論にあえて立つことは難しい。それゆえ、ここではシネクドキーを類・種の概念的関係を軸とした比喩と捉えつつも、それを全体・部分の（事実上および意味的）近接関係に基づくメトニミーの一部として位置づけることにしたい。

その上で、シネクドキー（提喩）の特徴について見ておこう。シネクドキーの視点は基本的にメトニミーのそれと同様、類・種関係に内在的なものであるということができる。というのも、種から類への拡張、類から種への縮小のいずれも連続的でいわば自動的な転換にほかならないからである。ただ、シネクドキーの類・種関係はカテゴリー間の上下を区別し、いずれかを他方の典型＝プロトタイプとみなすことによって、他方のカテゴリーを拡張的ないし縮小的に表現するものである。こうしたプロトタイプないしステレオタイプ化された表現のみならず、判断や推論は日本社会の「集団主義」と言われる特性に対応していると考えられる。それは、一定のプロトタイプ（典型）を「類」とみなし、多様な成員一人一人という「種」を「類」へと包摂しようとする傾向であり、「横並び主義」「画一主義」と称されてきた傾向である。(18) こう指摘する野内は、種によって類を表現ないし推測させる「一即他」の原理に基づく生花や盆栽、茶道もまたシネクドキー的発想にほかならないとする。ちなみに、利休が秀吉を自らの茶室に招待した際に、庭先の花すべてを切り落とし、茶室内に一輪のみ差し置いて秀吉を招き入れたという逸話に示されているように、「一即他」とは一つ（「種」）であることが多（「類」）であることを意味するといった、これまた日本的な相即の発想にほかならない。(19) むろん、シネクドキーに関するこうした指摘は、メトニミーにおける視点やカテゴリー間の連続性、プロトタイプ化（クローズ・アップ）といった特徴を共有したものであり、広義でのメトニミー一般の特質といえるものである。

（d）メタファーとメトニミー

最後に、これまで見てきたメタファーと（シネクドキーを含む）メトニミーとの関連について検討しておこう。メタファーを二重のシネクドキーとみなしたのは、グループμである。彼らはメタファーの構成を分解すると、そこに二重化されたシネクドキーが現れることを発見した。[20] 野内の解説にしたがってこの点を例示しておこう。「カトリーヌはバラだ」というメタファーについて考えてみると、それはまず「カトリーヌは美しい」というシネクドキーを一つの構成要因として成立する。それは「カトリーヌ」（個ないし種）は「美しさ」（一般ないし類）に包摂されるといった「一般化のシネクドキー」である。次に、もう一つの要因が提示される。そこでは、「美しさ」（一般ないし類）はそのプロトタイプとしての「バラ」（個ないし種）へと縮小される（個別化のシネクドキー）。その上で、この両者が重ね合わせられて「カトリーヌはバラだ」というメタファーが成立することになる。グループμは、このメタファーとシネクドキーとの関連はメトニミーにも当てはまると考えたが、これを検証した佐藤によれば、「換喩に関しては少々無理がある」[21]とされている。むしろ、（シネクドキーを含む）メトニミーとメタファーとの生成論的な関連にこそ注目すべきであろう。

すでに触れてきたように、メタファーとメトニミーの差異に関しては、メタファーでは関連づけられる二つのカテゴリーは各々別の概念領域に属しており、一方のカテゴリーが他方のカテゴリーへと「投射」されることで、メタファーが成立する。これに対して、（シネクドキーを含む）メトニミーでは、関連づけられる二つのカテゴリーは同一の概念領域に属しており、したがって二項間は「近接性」の関係にあるとされる。それゆえ、この二項間には「投射」は生じず、連続的とみなされる。メトニミーの視点の内在と連続性のゆえんがここにある。

ちなみに、より原初的で、直接経験に基づくメタファーを「プライマリー・メタファー」と呼ぶが、

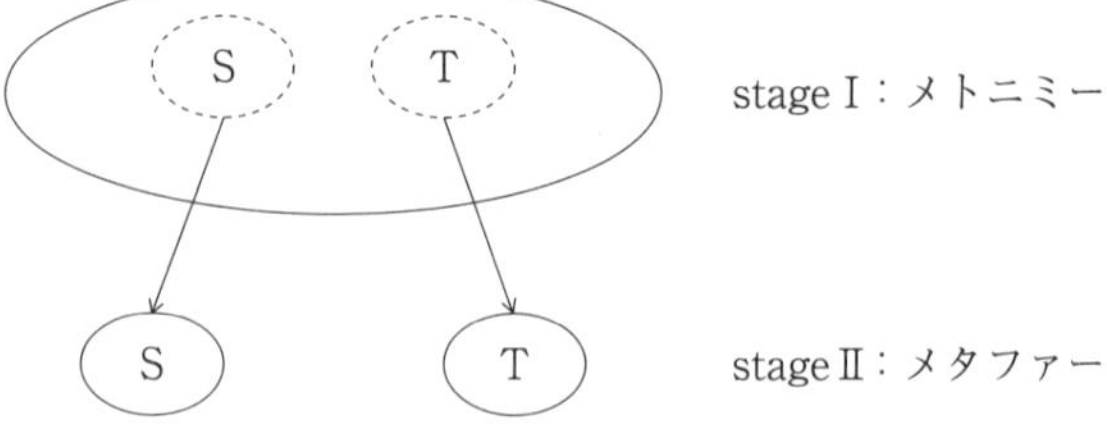

図ーお

その原初性のゆえんは、その構造がメトニミーに近いという点にある。「愛情の温かさ」や「凍えるような拒絶」といったいわゆる「共感覚」的な経験の共起性に基づくメタファーがそれである。このメタファーの2つのカテゴリーはそれぞれ別個の概念領域に属している（「愛情」は人間の心情の一部であり、「温かさ」は生理的感覚の一部）が、その両者は原初的な経験としては「共起」して生じる（つまり、乳児のころの母親の心的な愛情と身体の温かさ）。それゆえ、このプライマリー・メタファーの「起点領域」と「目標領域」とは癒合した1つの経験的領域に属していると考えられる。しかも、この2つのカテゴリー間は連続的な関係にあって、カテゴリー間の投射は生じないと考えられる。その限りで、この構造はメタファーというよりはメトニミーに近い[22]。このプライマリー・メタファーの事例は、グループμの発見を含めて、メタファー的構造の生成の根底にはメトニミーの構造が潜在しており、メタファーに対するメトニミーの原初性を指示する（**図―お**）。それはメトニミーの「自然性」に対する、メタファーの「人為性」を特徴づけるものでもある。

2　日本語とメトニミー

(a)〈話し手〉の位相

日本語の背後に隠されたメトニミー的認知構造を明らかにするに先立って、とりあえず、日本語的言説の主要ないくつかの特徴をまとめておこう。というのも、そうした特徴は言語学的に根拠づけることは出来ず、それらの特徴を比較言語学的に指示することが出来るだけであり、それを根拠づけるには基底的な認知構造が要請されることになるからである。

①**「主語なし」文**

まず、日本語文における「行為者」不在という問題があった。例えば、日本語で「時間がある」「息子がいる」「この家がほしい」といった文は、英語ならI have time. I have a son. I want this house. となる。この英語文はすべて他動詞を用いた行為文であるのに対して、日本語文では自動詞ないし形容詞文となっており、いずれも「主語」が欠落している。そこから、日本語における「行為者＝主語」不在に起因した（英語文のように「誰がどうする」ではなく）、「何がどうなる」式の言い方の必然性が問題とされてきた(23)。

そして、「日本語には主語がない」といった主張から、明治以来の印欧語文法への無理な準拠に基づく従来の「国文法」のあり方そのものへの疑問が生まれる。この疑問は、印欧語の「自動詞／他動詞」の区別を日本語に適用することの誤謬の指摘から始めて、独自の（日本語／印欧語の差異の根底に伏在する）「ある／する」構文に基づく新たな解明への方向づけを示している。

もともと自動詞／他動詞の区別は英文法に由来するものであった。つまり、直接目的語をとるのが他動詞で、とらないのが自動詞といった区別である。He opens the door. と It opens. では、前者の open は他動詞、後者の open は自動詞とされる。だが、英語の多くの自他動詞（change, wake up など）は同形であり、直接目的語の有無といった構文上の差異によって区別するしかない。これに対して、日本語では（開く／開ける、授かる／授ける、変わる／変えるなど）自他動詞はペアとなる別の語彙からなっている。したがって、直接目的語の有無といった構文上の差異に拠らずとも日本語では自他動詞の区別は成り立つ。そこで、むしろこの自他動詞の区別は構文的というより、意味論的な区別、すなわち、人為によらない自然の勢いを表わすのが自動詞、人為的かつ意図的な行為を表わすのが他動詞として規定されることになる。そして、金谷などのいう「ある／する」の構文上の違いは日本語における「自動詞偏重」の傾向と結び付けられる。ここから短絡的に導かれるのが「行為＝する思考の放棄」としての日本人像である。

つまり、日本語が「である」といった自動詞文によって構成される「存在文」としての表現を中心とすることとは、「主語」の不在と結びつき、そうした言語の担い手は「行為」から自らを遠ざけるとされる。「何か問題が起きた時、英語話者なら何とか手を打って対処してしまう状況下で、日本語話者は多くの場合諦めてしまう。またそうした『潔い』態度を良しとするが、その際に口にするのは文字通り『仕様（し・よう）がない』『仕方（し・かた）がない』、つまり『する思考』の放棄なのだ(24)」と。

金谷の論述は「日本語には主語がない」といった日本語文の構文的特徴にはじまり、「日本語の自動詞偏重」に至る流れに沿って、日本語、日本人における「積極的行為および行為者の不在」ならびに「する思考の放棄」へと辿り着く。だが、金谷のこの主張は、日本語の特徴から直接日本人のパーソナリティを導出するといった論理的飛躍を含んだ、従来のありきたりの日本語、日本人論に与するにすぎない。これら通俗的な見解において決定的に欠けているのが、こうした日本語―日本文化を通底するコードの所在である。こうしたコードへの探索抜きに言語と文化の傾向を短絡的に同一視する議論は「論理的飛躍」のそしりを免れることはできない。

②コンテクスト度

次に、日本語のみならず、日本文化の「場」に対する依存度の強さ、すなわち「高コンテクスト性」に関する指摘も従来からなされてきた。そこでは、コンテクスト度が高く、発話文だけでは了解不能で、その場の状況や発話者ならびに聞き手の置かれた状況、地位などといったコンテクストとの関連から初めて発話の意味や意図が了解される日本語の特質が注目される。したがって、そのような日本語文の理解のためには構文内に限定された統語論的分析だけでは足りず、意味論や語用論の助けが必要となる(25)。そして、これが印欧語文の論理性に対する日本語文の非論理性や非合理性のゆえんとされてきた。これは日本語の特徴を把握するためには単なる構文論や統語論的な分析だけではとうてい済まないことを示してもいる。

ちなみに、言語使用におけるコンテクスト依存それ自体は一般的な現象である。日本文化に詳しい人類学者のE・T・ホールによれば、言語を構文論や統語論に限って分析することは可能ではあるが、実際の日常生活における言語使用は言語コードだけでなく、コンテクストと意味との「三位一体」の関連づけが不可欠とみなされる。とりわけ、日本語のコードのように「高コンテクスト」の言語ではこの点が強調されなければならない。高コンテクストの言語の場合、情報は（コンテクスト＝場面を構成する）個人とその身体の内部に保持されており、メッセージそれ自体の情報量は極めて少ない。これに対して、低コンテクストの言語では、情報のほとんどはメッセージ内にコード化されている。(26)

こうした指摘を踏まえて、前記の「主語なし」文(27)との関連で、日本語の「高コンテクスト」性（つまり、現実的背景＝「場」への依存度が高いこと）に注目するなら、この「主語なし」の基本文の「意味」がその発話の場面に出くわした他者によって理解可能であるためにはそこに固有のコンテクスト＝「場」が自他に共有されているといった点へと（したがって、意味論的、語用論的な）検討の幅を広げる必要がある。

つまり、意味論上の問題としては、日本語文では主語は明示されないものの、表明された「述語」の主語ないし行為者が何であるかはコンテクスト＝「場」に関わらせることによって「自明」であるがゆえに「省略」される、ないしは「不在」なのだ、とみなすことができる。この点に注目する池上は、省略に関して「…一般的な原則として、話し手は聞き手にとって〈復元可能〉(recoverable)と考えられるような表現は明示するに及ばないという、コミュニケーションの場面における話し手の振い方のストラテジー」(28)の存在に注目している。英語の場合には〈聞き手にとって復元可能〉であることが省略に関する「基本的な説明原理」をなす。というのも、英語圏のコミュニケーション・モデルは池上によれば「ダイアローグ」であるがゆえに〈聞き手にとって復元可能〉性が重視される。これに対して日本語の場合にはこの省略は〈話し手にとって復元可能〉であることを基本原理としている。そこから、日本語のコミュニケーション・モデルは「モノローグ」、すなわち「独白」にあると考えられることになる。これは、日本語文の「話し手」の「視点」が、その文中に「内在」している点から必然化される現象である。逆に、英語圏では「視点」は自他関係を超越した(したがって、自己も他者も言説として対象化した)地点に置かれており、相互に相手の視点にたったコミュニケーションが可能となる。

　このモノローグ型の言述は、〈話し手〉は〈聞き手〉に対して非協力的であるが、逆に〈聞き手〉は〈話し手〉の独白をそのコンテクスト＝「場」や「話し手」の心情などから何とか理解しようと努めることを意味する。いうまでもなく、こうした事情は日本語の話し手にとっては自らの日常の発話を振り返ってみれば、極めてありふれた事態であることに気づく。そこでは「阿吽の呼吸」が求められている。そして、この〈話し手〉にとっての復元可能性が談話内の省略の規定因であるとするなら、省略しやすい最たるものこそ〈話し手〉すなわち「主語」にほかならない。

このように、「日本語には主語がない」といった構文上の特徴を踏まえ、なお、その上に「意味論的」な充実＝理解可能性の条件を構文外のコンテクスト＝「場」との関連のうちに求めるなら、そうしたコンテクスト＝「場」の一部としての（実在する）〈話し手〉の現前という条件を勘案せざるをえないことになる。そして、近年、日本語文のこのような特質、すなわち言語外の〈話し手〉の現前（それは言語内の「主語ぬき」に対応する事態であるが）の問題が注目されている。

③〈話し手〉の位置

この実在的な「話し手」と言説上の「主語」との関係は、日本語における単なる「主語なし」といった構文論的な問題の地平をはみ出す意味を持っていた。というのも、日本語文の場合、「話し手」は自らを言説上に「主語」として対象化することはないものの、言説全体を言説外＝経験的現実の側から統括し、支配しているからである。日本語文では「話し手」は「言葉のやり取りの主体者となって影のように付きまとっている」(29)のである。「話し手」は文中に現れることはないが、言説上の事物や人物はこの「話し手」の視点と関わって位置づけられる。

つまり、日本語文の特徴となっている「主語なし」文は、言説（ディスクール）内の「主語」の不在を指示するが、それは同時に言説外の「主体」＝「話し手」の実在といった統語論からはみ出した要因の問題を孕んでいるのである。そこでは言説外のいわばコンテクスト＝「場」としての〈話し手〉の存在が言説の内容や構文そのものを規定することになる。「このように表現者（もしくは登場人物の視点に立った表現者〉が、己の目に映り心に浮かぶ様として事柄を口に出し叙述しようとする結果、日本語にはいわゆる主語、述語論の見地からすれば異常とも取れる不完全な文が現れる」[30]。

こうして、日本語文のいわゆる「主語なし」文といった特徴は、同時に〈話し手〉の現前といったコンテクスト＝「場」との関連づけの問題を踏まえて初めて十全にその特質を浮き彫りにすることができる。日本語の言説は、それを語る実在的な「話し手」と、語られる経験的現実との両極に染み出している。

ちなみに、「主語なし」文の典型とされる「雪国」（川端康成）冒頭の一節、「国境の長いトンネルを抜けると、雪国であった」も、こうした〈話し手〉の位置といった点から解釈し直すことによって、単に「主語なし」というだけでなく、その背景的コンテクスト＝「場」に関連した理解をうることが可能となる。

そこでは、「雪国であった」ことを体験する「話し手」の把握が不可欠となる。「主語」として文面には現れない経験的主体としての「話し手」の視点こそが全体を支えているのである。言説外の〈話し手〉の視点こそ、日本語文においては重要な主体の位置をなしており、主語として言説へと内化〈象徴化〉された主体の位置とは対照を成す要素なのである。だから、「あ、もう時間だ！」といった独白文についても、これを単なる「主語なし」文の事例としてだけ問題とするのは片手落ちということになる。これは〈話し手〉にとって「のっぴきならない」事態を意味することであり、「話し手」にとっての事態の重要性といった視点を抜きにしては十分に理解し得ない言述である[31]。「話し手」の心情を直接的に表出した文だからである。

④「場」の浸透

こうして、「日本語は自分の主観から物事を捉える特性がある…そのように、常に表現の裏に話し手自身がいる」[32]。その際、指示代名詞や人称代名詞の使い方を規定するのは、言説内の構文上の要素というより、言説外のコンテクスト＝「場」、とりわけ〈話し手〉との関連である。この〈話し手〉の位置は、言説内の「主語」とは異なって、あくまで言説外のコンテクスト＝「場」上に置かれている。それゆえ、〈話し手〉が関連づけられるのは、言説内の語というより、その語が指示する事物や事態であって、「主語なし」の日本語文はいわばコンテクスト＝「場」世界に染み出している。逆にいうなら、日本語文は客観的に自立した言説世界を構成するのが不得手ということになる。つまり、言説内の語相互の関係ではなく、言説外の「話し手」との関係における「意味」こそが、その語の意味を決定するということになる。「話し手」は言説の世界に対する侵入者にほかならない。

こうして、日本語文の場合、文は言説の世界として自立することなく、言説外のコンテクスト＝「場」世界へと漏れ出てしまうのである[33]。その意味で日本語のテキストはそれ自体として自立することなく、常にテキストが置かれた現実の状況＝コンテクスト＝「場」に密接に関連づけられることになる。かくて〈話し手〉は、言説外のコンテクスト＝「場」上に位置し、そこから言説の構成を規定する特異な位相に立つことになる[34]。

以上のような考察から、「主語なし」文といった構文上の特質から、日本人の「没主体性」「受動性」といった性向を導出してくる論理の短絡性に注意しなければならない。というのも、常に「話し手」の立場が前提とされる言説においては、文法上の主語が欠落する代わりに、言説全体の視点は「話し手」と過剰に結び付けられることになり、「直接的に実存的な意味」（オルティグ）[35]を孕んだ「話し手」が言説全体を支配することになるからである。それはコンテクストにまで視野を広げるなら、むしろ言説内への「話し手」としての主体の過剰な浸透とでもいえる事態にほかならない。

それゆえ、そうした日本語文における「話し手」の視点は必ずしも印欧語文における言説内の「主語」の視点と対応したものと考えることはできない[36]。その場合、「話し手」といった「実存的主体」をいかに位置づけるかが問われなければならない。つまり、日本語の言説が、経験的な「話し手」と経験的現実とに半ば埋め込まれるような特質を有することを、言語学的に根拠づけることは不可能である。それは日本語の深部に潜在する非言語的な認知構造の在り方から初めて解明されうるものである。

(b) メトニミーと詞辞論

そこでいよいよ、日本語の構文上の特質の根拠の探索に取り掛かろう。まず、日本語の構文とレトリックの関連に注目しておく。その上で、対照的なメタファーとメトニミーの論理を取り上げる。というのも、実は、印欧語の構造と日本語の構造の背後に潜む認知的枠組みがこのメタファーとメトニミーに他ならないからである。

①日本語とメトニミー

ここで再び川端康成の「雪国」（一九四七）冒頭の部分と、サイデンステッカーによる英訳との比較をもとに検討しておこう。

「国境の長いトンネルを抜けると雪国であった。夜の底が白くなった。信号所に汽車が止まった。」

“The train came out of the long tunnel into the snow country. The earth lay white under the night sky. The train pulled up at a signal spot.” (E. G. Seidensticker, Snow Country.)

この両者を比較するなら、まず川端の文には主語がない。英文では始めの文の主語は汽車になっているが、日本文の隠された主語は「話し手」なのであり、汽車に乗っている「話し手」の視線に映る情景を描写しているにすぎない。ここには状況に内在し、埋め込まれた「話し手」の視線といった日本語文に固有の隠された主体が隠在している。これに対して、英文の方は主語＝The train、とそれについて陳述する述部とがそろっており、命題文の構造となっている。述部が他動詞の場合には「動作主―動作―被動者」といった構造が見られることになる。[37] 日本文は述語中心であり、英文は主語中心である。日本文は述部だけからなる「描写文」、英文は主語、述語からなる「命題文」の構造をなしている。客観的な意味の伝達という点から比較するなら、日本語では直観的で描写的、英語では論理的で命題的ということになる。日本語の文章は述語中心的で、述部を構成する諸要素を順次列挙した上で、最後に述語で締めくくることによって文章全体の意味が完結する。しかも、この最後の述部に対する話し手の意思や感情といった心的態度は述部の終わりの助動詞や終助詞によって始めて明かされることになる。これに対して英文では主語が提示され、その主語の力の及ぶ順番に動作と被動者とが明確に表現される。中島によれば、これは日本文の「求心性」に対して英文の「遠心性」と形容される特徴でもある。[38]

ところで、日本文の末尾の助動詞や終助詞における「心的態度」が文全体のありかたを規定するといった特質を「詞辞」論として提示した時枝誠記もまた印欧語と日本語の構造の対比に基づいた日本語の特徴づけを行っている。「一般に主語格は述語格に対立したものと考えられ、この対立を結合する処に統一が成立するという形式論理学並びに印欧語的統一形式の観念[39]」とは対照的に日本語の統括機能を考えなければならないとする。その上で、時枝によれば、日本語では、主語は述語のうちに潜在的に含まれており、「咲いたか」と言えば、眼前の「梅の花」であることは、その「場」を共有している仲間にとってはいわずもがな、である。そして、話し手の意思は、「か」という「辞」において表出されており、そこに「話し手」の主体性は直接的に吐露されていることになる。

そこで、時枝によれば日本語の構成要素は、(一)概念化を経た単語と、(二)概念化を経ない単語から構成されることになる。時枝自身による解説を挙げておこう。「一は、表現の素材を、一旦客体化し、概念化してこれを音声によって表現するのであって、『山』『川』『犬』『走る』等がこれであり、また主観的な感情の如きものをも客体化し、概念化するならば、『嬉し』『悲し』『喜ぶ』『怒る』等と表すことが出来る。これらの語を私は仮に概念語と名付けるが、古くは詞といわれたものであって…これらの概念語は思想内容中の客体界を専ら表現するものである。

二は、観念内容の概念化されない、客体化されない直接的な表現である。『否定』『うち消し』等の語は、概念過程を経て表現されたものであるが、『ず』『じ』は直接の表現であって、観念内容をさし表したものではない。同様にして、『推量』『推しはかる』に対して『む』、『疑問』『疑い』に対して『や』『か』等は皆直接的表現の語である。私はこれを観念語と名付けたが、古くは辞と呼ばれ、…それは客体界に対する主体的なものを表現するものである。助詞、助動詞、感動詞の如きがこれに入る」[40]。

こうした詞・辞論に基づく日本語文のパターン化は、中島による日本語文の基本的述語文や、それをさらに簡略化した金谷の基本文へと引き継がれている[41]。「雨だ」「好きだ」「寒いね」における「雨」「好き」「寒い」といった「詞」と「だ」「ね」といった「辞」との組み合わせからなる基本文が日本語文の基礎になっていることを示すものである。時枝の有名な詞辞の「入れ子構造」はいわばその応用ともなっている。左図(か)(き)はいずれも時枝自身(ただし後者は時枝の図式をまとめたもの)が提

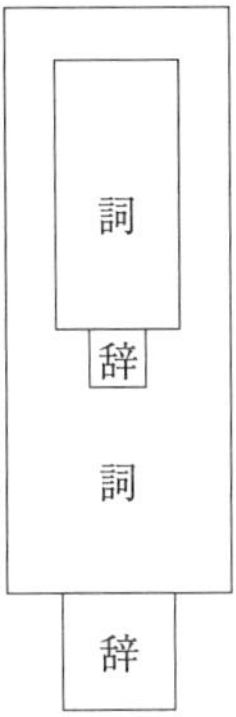

図ーか

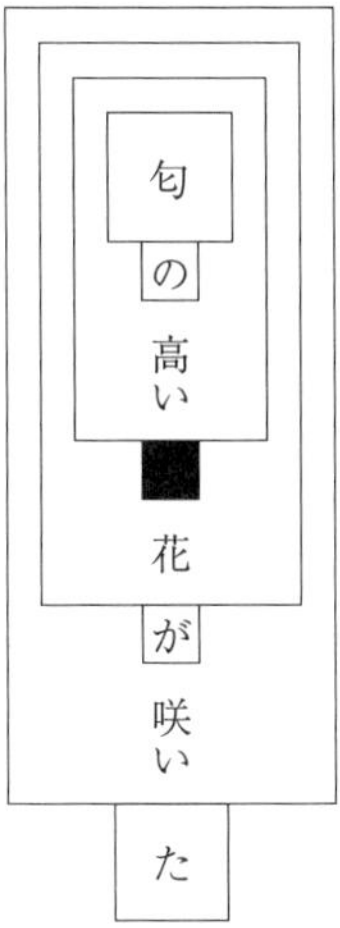

図ーき

示した「入れ子構造」である。

時枝によれば、日本語の「詞・辞」構造は、明らかに印欧語のＳ—Ｐ（主語—述語）の構造とは異質であって、この基本的な違いを無視して、日本語の構文の構成要素を印欧語のそれらに対応させようとする日本語文法の試みには、そもそも問題がある。[42] これは日本語文の「構文論」的構造を印欧語文と対比的に図式化してみせたものであり、時枝文法の図式として一般化されたものである。

だが、日本語文とメトニミー構造との関係に関して重要なのは、むしろ詞辞の「意味論的連関」である。それを明らかにするために時枝が提示した図式が以下の（**図—く**）である。

「詞は概念過程を経て成立したものであるから、それは主体に対立する客体界を表現し、辞は主体それ自身の直接的表現である。…Ａを主体、Ｂを主体それ自身の直接的表現である辞とし、弧ＣＤ

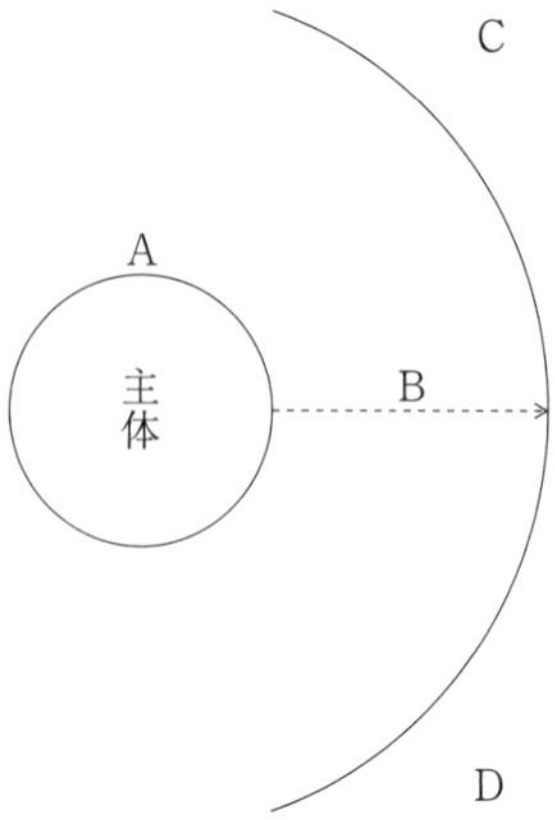

図ーく

は主体に対立する処の客体界及びその概念的表現である詞とする時、この両者は如何なる関係に立っているのであるか。例えば、『花よ』という様な詞辞の連結をとって考えて見る。この時感動を表す『よ』は、客体界を表す『花』と対して、志向作用と志向対象との関係に於いて結ばれていると見ることが出来る。言語主体を囲繞する客体界ＣＤと、それに対する主体的感情ＡＢとの融合したものが、主体Ａの直観的世界であって、これを分析し、一方を客体化し、他方をそれに対する感情として表現したものが即ち『花よ』という言語表現となるのである。従って、この詞辞の意味的連関は、客体界ＣＤを、主体ＡＢが包んでいるということが出来るのである(43)」。

ここで注目すべき点は、第一に、主体Ａとその主体的志向性Ｂ（辞）とが、客体界およびその概念化である詞を統括する機能を担っていること。第二に、その言語過程の両極である客体界および主体とは、概念化

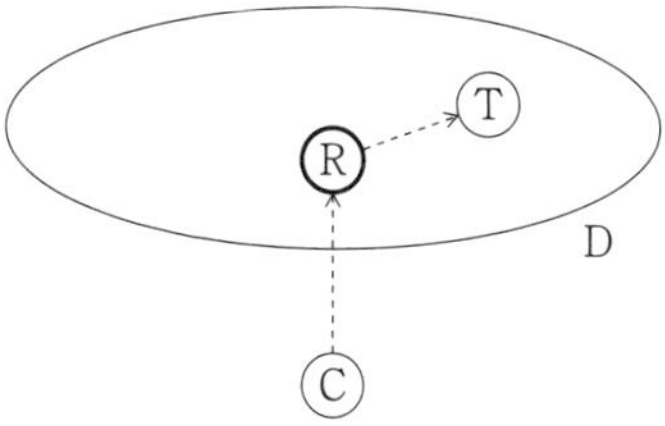

図ーけ

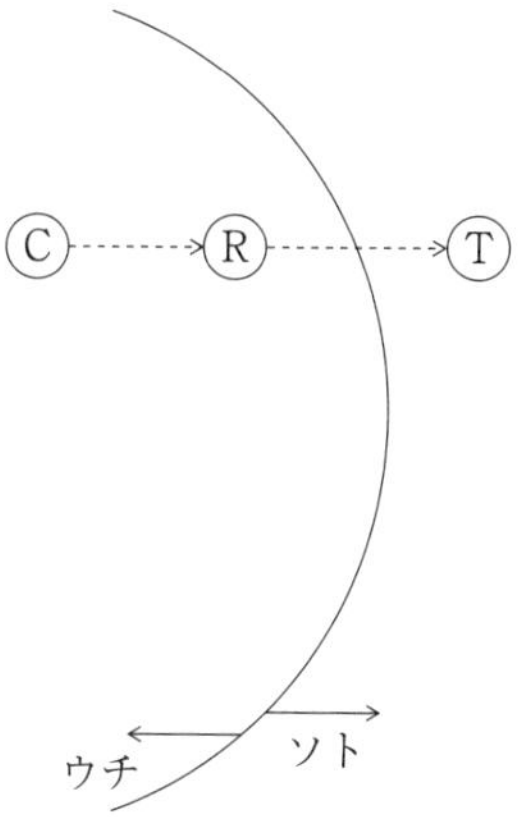

図ーこ

以前の経験的現実に他ならないが、それがまさに言語過程と融合していること。すでに見てきた日本語文の特性の一つである言説（ディスクール）内への経験的現実（「話し手」および語られた世界）の浸透といった事態の根拠がここにある。ここでは、概念化される客体と概念化以前の主体とが連続化されることになる。そして第三に、概念化された客体界が主体的志向である辞において統括されるということは陳述全体が主体＝「話し手」によって統括されるということ、すなわち、主体化＝わがもの化を最終的帰結とする過程（＝認知過程）が言語過程に他ならないことを示している。

さて、この**（図―く）**を谷口が提示するメトニミーの構造と対比しつつ、検討しておこう。対比のために改めて**（図―け）**としてメトニミーの図式を再掲しておく。

それは「概念化者（C）が、あるターゲット（T）に注意を向けたいが、直接そのターゲットにアクセスするのが困難な場合、より注意を向けやすい参照点（R）にまずアクセスをし、参照点を経由してターゲットに注意を向ける、というものであ[44]」った。そして、「（C）から参照点に向けて伸びる」点線は「心的経路 mental path」を示し、（R）と（T）とを含む楕円（D）は参照点を経由してアクセス可能な範域＝「支配域 dominion」を表している。メトニミーではこの支配域（D）は同質領域を意味し、メタファーにおける対比される両領域が異質であるのと対照的である点を表示するために（D）として括られている。だが、参照点（R）は概念化者（C）にとって「なじみのある」範域にあり、他方ターゲットは「なじみのない」範域にある点を強調するように図式を修正してみると、**（図―こ）**のようになる。概念化する「主体」（C）から（「なじみのある」参照点（R）へと）伸びる点線が主観的な「心的経路」であり、その心的経路のおかげで「なじみのない」ターゲット（T）が概念化され、主体へと統括＝認知されるわけである。「なじみのある」範域を「ウチ」、「なじみのない」範域を「ソト」と言い換えてみると、後に展開するように、「ウチ」とは「自己」のメトニミー的に拡張された範域であり、メトニミー的認知とは、その自己ないし（自己に「なじみのある」）「ウチ」に準拠して、「ソト」の「なじみのない」範域の対象を認知＝わがもの化する方策であるといえる。同様に、日本語は「ソト」の事象を概念化（詞化）するに際して、主体および主体的志向（辞）によってこれを包摂＝統括することで主体化＝わがもの化するといった性向を孕んでいる。まさに時枝は詞辞の「意味論的連関」**（図―く）**において、日本語の構文の基底に潜在するメトニミー的認知構造**（図―け）**を射当てていたと考えることができる。それらはともに**（図―こ）**として、ウチ／ソトの場所的規定の枠組みを踏まえた認知構造として再構成することができる。従来は詞辞の構文論的構造（**図―か・き**）のみが注目されがちであったが、それはむしろ、日本語の認知構造であるメトニミー的構造を構文論的に表現したものとみなすべきものであったと言えよう。こうして、メトニミー的に解説するなら、日本語は自己（ないしウチ）への準拠を経由して「ソト」の世界を概念化する方策を孕んでいる。すなわち、日本語文の基底にはメトニミー的認知構造が埋め込まれているのである。

②印欧語とメタファー

他方、印欧語ではその認知構造はどのようになっているのか。中島が指摘したように、印欧語文の基本構造は「動作主―動作―被動者」であり、英語の基本文（S―V、S―V―C、S―V―O、S―V―O―O、S―V―O―C）のうち半分以上が他動詞である点からしても、その典型はS―V―Oとみなしてよいであろう。(45) その際、日本語文の統括機能が辞（すなわち「語り手」）においてなされるのと対照的に、印欧語文の統括機能は「主格」がそれを担っている。「主語」は、文頭に置かれ、続く動詞に否応なしに活用を生ぜしめる「圧倒的にパワフルな名詞句」(46) なのである。日本語文では文全体を統括するのが「話し手」であることが自明視されているがゆえに、通常それを「主語」として概念化することはない。代わりに辞によって「話し手」の意思が表明される。他方、印欧語文では文全体の統括機能は「主語」として概念化される。それゆえ、印欧語文は「話し手」からも「経験的素材」からも自立した純粋な「言説空間」においてS―V―Oを典型とする「命題文」が構成される。日本語

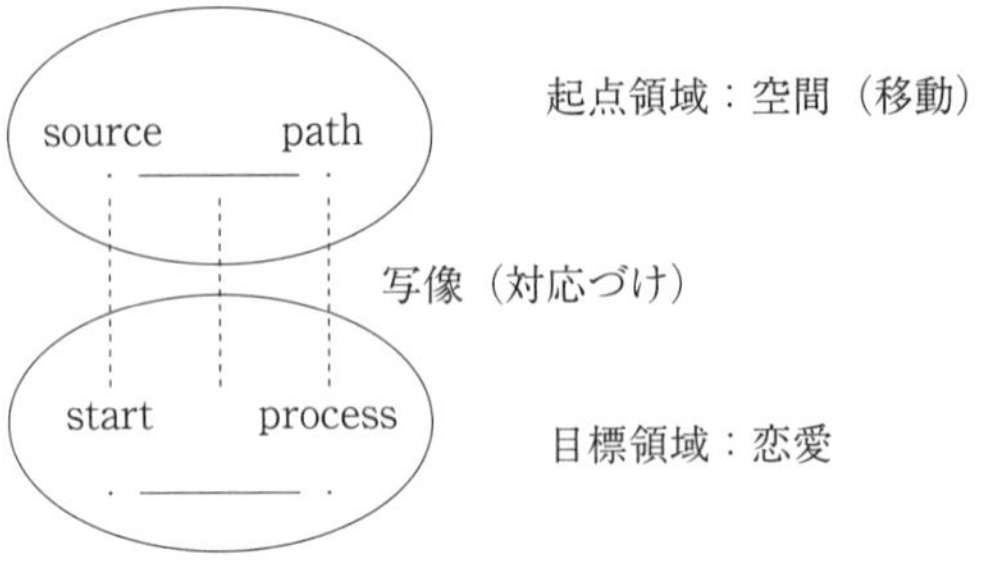

図ーい

文のように「言説空間」が「話し手」や経験的素材によって浸透され、それゆえ、「求心的」とされるのに反して、印欧語文では「言説空間」の自立性は純粋に維持され「遠心的」とされる。

こうした印欧語文にひそむ認知構造は「メタファー」にほかならない。Love is a journey.（恋愛は旅である）といった概念的メタファーが、「起点領域」としての「空間（移動）」から「目標領域」としての「恋愛」への「写像」として生成されることが明らかにされている（**図―い**）。そこでは、「恋愛」における「出会い」「交際の過程」「結婚」（ないし「別れ」）といった一連のプロセスに対して、空間移動である「旅」の「出発」「途中経路」「終着」といったイメージ・スキーマが投射されることになる(47)。

すぐ後で触れることになるが、西欧的な思考とは、「S is P」（主語―繫辞―述語）の文型を中心として、「SとP相互の間の異同、帰属のあり方を問う」（坂部恵）ものである。だからこそ、そこでは「同一律」や「矛盾律」が思考の最高原則とされる。そして、このS（主語）にメタファー的構造の「起点領域」が、P（述語）に「目標領域」が、繫辞（コプラ）に「写像」が、それぞれ対応することが分かる。「カトリーヌは女性だ」ならごく普通の文章でしかないが、「カトリーヌはバラだ」となると、明らかにメタファーとなる。カトリーヌ（S）と女性ないしバラ（P）のそれぞれが属する概念領域の異同によって、繫辞（is）に「写像」効果が生じるか否かが決まる。そして、伝統的な論理学では、「S―V―O」の構文もこの「S is P」の構文に還元可能とされ、その上で、S、P相互の異同や帰属が判定されてきた。ちなみに、He loves her.（S―V―O）は、He is in love with her.（S is P）へと還元される。こうして、印欧語文の基本構造（S―V―O）は潜在的にはすべて基本的な命題の構造「S is P」に還元可能であり（つまり、「する言語」である印欧語の基底には、やはり「なる言語」の構造が横たわっているということになる）、しかも、その基層にはメタファー的認知構造「起点領域―写像―目標領域」が存在していることになる。

そして、SとPのそれぞれが概念的に提示される点、および両者の属する概念領域が相互に異質である点、そして両者を比較する視点の超越性という点で、メタファーの構造はメトニミーとは対照的である。メトニミー的認知構造と対比的にこれを図式化してみると、**（図―さ）**のようになる。そこでは「起点領域」と「目標領域」のそれぞれは言説空間におけるS―Pのように、ともに概念化され、自立した言説を構成することが示されている。メトニミー的認知構造が、概念化された言説を実在的主体の志向によって統括するのとは、全く異質な構造をなしている。

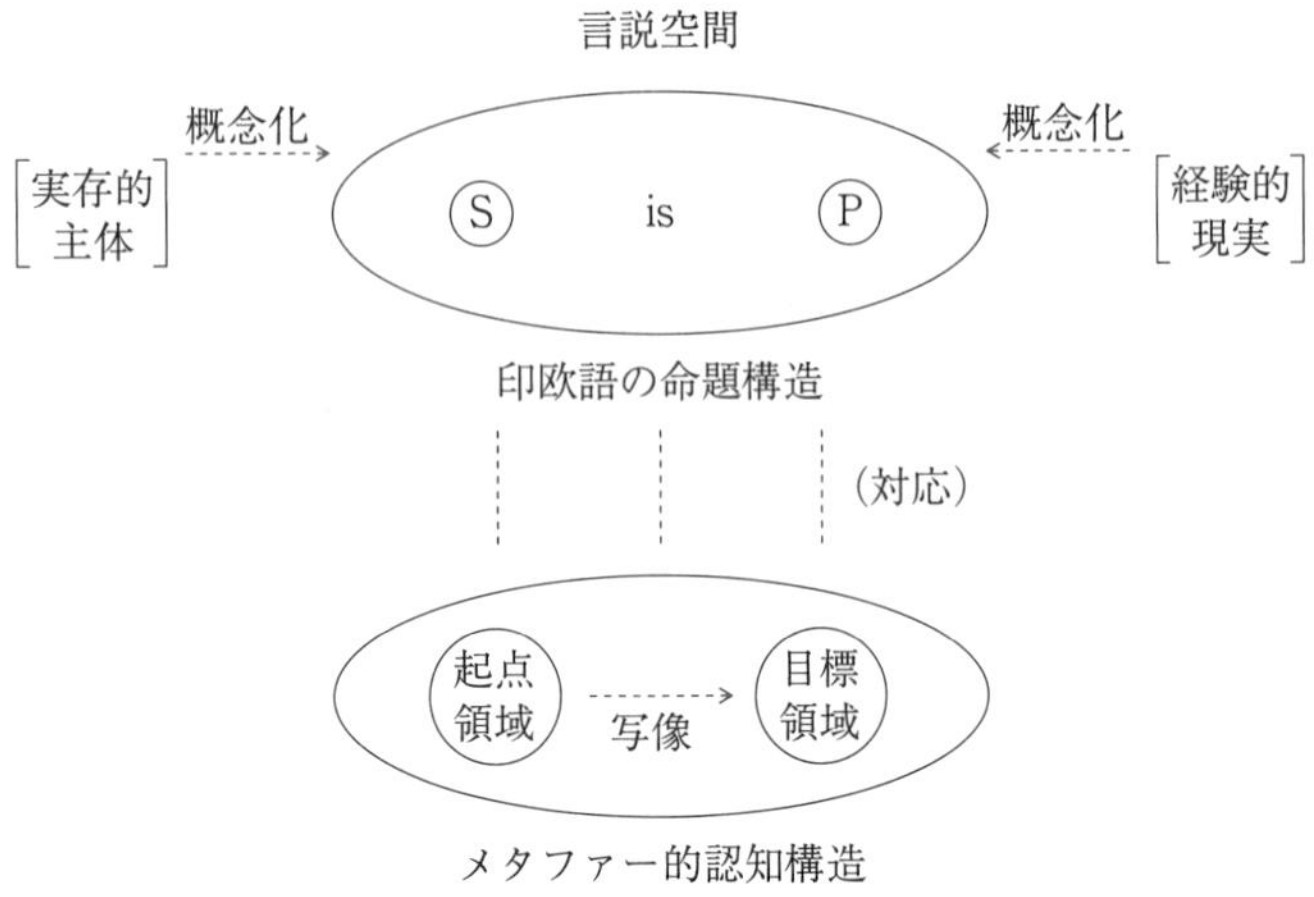

図－さ

（c）「場所」と日本語

以上のように、印欧語と日本語の基層にはそれぞれの認知構造として、メタファー的構造とメトニミー的構造とが潜在していることが明らかになった。同様に、それぞれの判断形式の対比からそれらの特徴を明らかにしようとする試みがなされてきている。まず、印欧語における判断形式（S is P）の特徴については坂部恵は次のように整理している。

「（1）思考がSとP相互の間の異同、帰属の在り様を問うことの結果、〈同一律〉とその反面としての〈矛盾律〉が思考の最高原則としてとられること。（2）思考が主語を軸として進められる結果、最高の普遍者を〈主語となって述語とならない〉〈基体〉あるいは〈主体〉（hypokeimenon, subjectum）としてとらえるいわば〈主語中心的〉な思考が成立すること。（3）繋辞として使われる存在の動詞、いわゆる verbum substantivum（英語でいえば、be- 動詞〉が、…あらゆる命題に潜在すると考えられるところから、〈存在〉についての思考すなわち〈存在論〉が哲学あるいは形而上学のもっとも基本的な部門とされる[48]」こと。この「主語中心的」思考に対して、日本語ではthemeあるいはtopic（主題）の「場」ないし「場面」の支配下に置かれることを、時枝言語学を下に提言するのが中村雄二郎である。主体Aの志向作用Bである「辞」と素材およびその概念化たる「詞」との、いわば主客の融合した世界こそ、時枝にとっての「場面」に他ならない。それは空間内の事物、情景と、それに対する主体的志向性、つまり主体の態度、気分、感情とがいわば融合した状況をさしている。先のメトニミー的論理で表現し直すなら、「ソト」の素材である事物、情景を「概念化＝詞化」するに際して、それを辞的に統括（＝主観化、ウチ化）することを通して、「わがもの化」＝認知する言語過程に他ならない。時枝のいう「場面」とは、この主客融合した「ウチ」なのである。この日本語の論理特性は坂部の印欧語の論理特性と対照的に中村によってこうまとめられている。

「すなわち（1）日本語では、文の全体が幾重にも最後に来る辞＝主体的表現によって包まれるかたちで成り立っているから、大なり小なり主観性を帯びた文が常態になる。（2）日本語では、文は辞によって語る主体とつながり、ひいてはその主体の置かれた状況＝場面とつながる。だから、場面による拘束が大きい。そのことは…敬語の例がよく示している。（3）日本語の文は、詞＋辞という主客の融合を重層的に含んでいるから、体験的にことばを深めるには好都合であるが、その反面、客観的・概念的な観念の世界を構築するには不利である。（4）日本語の文では、詞＋辞というその構造によって、第二人称はおろか第一人称の主語も、客体化され概念化された詞となり、真の主体は辞のうちに働きとしてだけ見出されることになる。したがって、文法上での形式的な主語の存在はあまり重要ではない」[49]。

ここにはメトニミー的構造によって規定された日本語文の基本的な特質のほとんどが提示されている。とりわけ（２）の指摘は日本語文が印欧語文のような「命題文」として言説的に自立せず、経験的な「話し手」や「場面」の浸透を受けがちである点を明確に説いている。その他、日本語文の「情緒性」や「主語不在」などの特質が説かれている。そして、辞による統括機能に支えられた述語中心の論理にあっては、その「ソト」の対象世界は主体＝「ウチ」へのメトニミー的同化＝認知として「詞」化されることになり、当初対峙していた「ソト」と「ウチ」はこの同化を通じて連続的に接続されることになる。日本的思惟の連続性といった特質もまた日本語に潜在するメトニミー的構造に規定されたものである。

この「ソト」と対比された「ウチ」という「場所」の持つ意味は、それゆえ単なる「空間」ではなく、また時枝のいう「場面」、すなわち主体的志向性とその対象たる、事物、景観の融合した場所というにとどまらず、認知的に固有の機能を担った契機と考えられる。繰り返し見てきたように、日本語文における「話し手」の「視線」はまさに「ウチ」なる状況に内属し、決して状況超越的な位置を占めることなく（「神の目」ではなく）「虫の目」として「ソト」を伺うものであった。「ウチ」なる「話し手」の目は表立つことなく、その目を通して捉えられた「ソト」の世界が言説として表現されるのである。こうした日本語文固有の視線の位置、すなわち、視点の内在する位置と、その視点が目指す位置とを分節化するカテゴリーとしての「ウチ」と「ソト」の違いによって規定される日本語表現としては「a　待遇表現　b　遠慮・敬遠意識からの言表　c　謙譲の美徳に根ざす語表現　d　間接表現・婉曲叙法　e　否定表現・二重否定　f　省略表現　g　推量表現　h　情意性の色濃く現れた副詞の用法」[50]が挙げられ、他に指示語、受給表現、補助動詞の用法などが「ウチ」「ソト」の違いによって規定される。日本語表現の多くがこうした「ウチ」「ソト」の枠組みによって規定されていることを近年の国語学や言語学は明らかにしている。ちなみに森田は受身表現と「ウチ」「ソト」の違いの規定性について、日本語の受身表現が人間中心的で、「雨が降る」といった客観的自然現象に関しても「雨に降られた」とするのも、「この自己の目を以って外の世界をとらえる表現意識に由来する」[51]と指摘している。いわば自己を含む「ウチ」に内在的な視点から、また、「ウチ」との関係から「ソト」の世界を問題とするといった発想のありかたがここにある。日本語の構文を規定する「ウチ」「ソト」関係が、日本の文化全般に通底するものであるという知見は、森田に言語と文化を一貫する「統一理論」[52]としての「日本語の視点」の発見をもたらしたのであった。だが、こうした日本語の「視点」の「場所」（＝ウチ）性の拠って来たるゆえんは言語学的には根拠付けようのないものである。むしろその「視点」の状況内在性それ自体の必然性を日本語の深部に潜む認知構造としてのメトニミー構造に求める必要がある。

すでに触れたように、メトニミー的認知過程はメタファー的認知の基礎をなす、より原初的なプロセスであり、日本語は印欧語に比して、格段にそうした「古層」の認知的構造を残存させてきているのである。[53]風土の問題はおそらく、こうした生体の生命過程や精神過程と結びついた認知構造の問題を迂回して初めて言語や文化の問題と交差するレベルに達するに違いない。

こうした論点に関連して興味深いのは、時枝の「詞・辞」論をその独自の「場所論」によって基礎付けようと試みる中村の議論、とりわけその「場所としての身体」論である。それは世界を「身分け」によって意味づけ、文節化するメカニズムのいわば基体であり、印欧語の言説空間の自立化が言語による世界の「言分け」を前提とするのとは対照的である。そこでは世界は身体の拡張としての原初的イメージを引きずっているとして、拡張された身体としての「テリトリー」の問題を提示している。そして、この「場所としての身体」がそのテリトリー内で活動する際の相関のあり方は、グーランのいう（鳥瞰的視点から見られる）「放射空間」ではなく、（虫の触感が接する）「巡回空間」であると指摘している。[54]これは、まさに「ウチ」に内属した日本語的視点を規定する要因が、生命過程とも結びついた「場所」性にあることを確認した知見にほかならない。日本人にとって最重要視される「ウチ」が「身内」であるという伝統を基礎付けてきた「場所」性とはそうしたものなのである。「意味づけ、分節化する」機能こそ、実は認知的機能なのであるから、言語的「言分け」の深部には認知的「身分け」の層が潜在していることの確認であるともいえよう。

(d)「ウチ」の生成

それでは、こうした「場所」としての自我ないし自己身体から「ウチ」は如何に生成するのであろうか。改めて「話し手」と「主語」との関連から説き起こしてみよう。

宇津木は「私」という主語を使用することは、言語使用者である経験的自我＝「話し手」が自らを対象化することを通じて「私」から距離を置くことになる点に注目する。つまり、これは一般に印欧語における「主語」の使用に対して、「自我中心的」「人間中心的」なる性向を結び付けがちな通説への懐疑なのである。むしろ、自己を「主語」として対象化することによって、自己に対して距離を置くことができる。それは自己を「脱中心化」する一つの方策ということになる。(55)

ところで、これに対して、日本語文には主語がない。時枝の「詞辞」論が明らかにしているように、日本語では「私」を立てることなく、表現が可能でありつつ、「辞」の作用によって表現全体を「わがもの＝私」化することになる。言表主体は自らを主語化することなく、すなわち象徴的な言説空間に身を置くことなく、経験的主体、「話し手」として直接に自己表出することが可能なのである。いうまでもなく、それが「辞」の主体的志向性の表出に他ならない。これは「話し手」としての自己と言説とを切り離した上で、自立化した言説中に自己を「主語」として客観化する印欧語の場合とは対照的である。

ところで、こうした経験的自我が「話し手」として、言表全体を潜在的に統括するような日本語のケースと、経験的自我＝語り手が自らを主語として言表化＝象徴化し、それゆえ経験的自我とは距離を置く印欧語のケースとでは、当の「自我」は如何なる違いを孕むことになるのであろうか。このいわば目に見えない「自我」のあり方はそれぞれの言語体系の深部に潜む認知構造によって規定されているに違いない。

この点で、池上の「する」的言語と「なる」的言語の対比から導き出されてきた「動作主」優位対「主題」優位といった印欧語と日本語の基本的特質の対比は考慮に値する。日本語では、「象は鼻が長い」の「象は」は「主語」ではなく（象という主題的な場においては）といった意味になり、「日本は山が多い」の「日本は」も「主語」ではなく（日本という主題的な場においては）といった意味になる。そのように、日本語では主題化が主要な機能を果たし、それが「場所」的な意味を持つことになる。つまり、「本来〈動作主〉としての性格を十分に備えた項であっても、それが〈主題〉として（従って、同時に〈（物事の）場所〉として）擬せられることによって、その〈動作主〉としての性格が弱められるということは（敬語の「ニオカセラレマシテハ」のような場合を考えるまでもなく）日常語のレベルで絶えず起こっているということになる」[56]。

そもそも、「する」を中心的動詞とする言語（印欧語）では、状況対主体といった構図（主体が状況に対して何かを「する」）が前提とされており、他方、「なる」（ないし「ある」）を中心的動詞とする言語（日本語）では、主体は状況＝場に含まれ、主客合一的な「場」（主体という場において何かが「なる」）が構図として与えられている[57]。

このように、「する」言語が主体による状況ないし他者への人為的で積極的な働きかけの構図に基づくのに対して、「なる」言語は、自己を含む状況が自発的＝自然発生的に「なる」のを「待つ」といった構図に基づいている。だが、日本的「主体」（「話し手」ないし主体的志向としての「辞」）について検討してきたように、そのことが直ちに「没主体的」ということにはならないのは、そもそも「主体」のあり方が西欧的な「コギト」とは異質だからである。というのも、日本的主体とは、そもそもこうした状況の一部にほかならず、その主体性とは一定の状況がなんらかのものに「なる」過程と一体化されるものだからである。状況と主体とが主客二元論的に分離しているなら、主体的な働きかけによって状況をいかに変革するかは主体的意志にかかっている。ところが、主体が状況の一部であるような主客癒合した状態にあっては、状況の変化は主体の体験内の変化に通底しており、したがって、主体とはそうした変化の生じる場、変化を感受する場ということになる。(58)

ところで、こうした「場所」としての自己ないし身体からの発展が日本語でいう「ウチ」であった。この「話し手」の位置＝場を「ウチ」「ソト」論視座から説くのは森田である。日本語文では「話し手」の視点が即自的に「ウチ」を構成し、その視点の対象となる「私をとりまく他者」が「ソト」を構成する。したがって、「ウチ」なる「私」が外部化され、対象化されて主語として成立することはまれである。かりに「私は…」といった言説があるとすれば、間違いなく、それは非日常的な場面における発話である。日本語の言説は、隠在化した「話し手」を前提とした、その「話し手」にとって捉えられた顕在的な「ソト」の世界の描写なのである。それゆえ、「場所としての自己」は「ウチ」と重なり合う。だが、森田はこの「ウチ」への「自己」の拡張、ないし「ウチ」としての「自己」の多層性については言及せず、人＝他者をその対極に位置づけるにとどまる。(59) それゆえ、「ウチ」の「共同性」のゆえんがここには脱落している。つまり、「ウチ」なる「共同性」の位相の問いは排除されてしまっているのである。己と人との対峙は、人＝第三者と規定する限りで、自他の対峙、すなわち主客二元論の提示でしかない。そこからは「ウチ」なる「共同性」は排斥されている。そこで、この「ウチ」なる「共同性」をいかに導出するかが問題となる。

この点で池上が提唱している「自我」に関するレトリカルな二つの拡張のあり方は注目に値する。まず、「自我」のメトニミー的拡張である。「一つは、〈話し手〉の概念から〈話し手自身〉から〈話し手自身にまつわるものやこと〉への拡張である。これは〈話し手と近接性によって関連するもの〉という概念へとメトニミー的過程に基づく拡張(60)」にほかならない。そこでは自己の身体から衣服、家屋、乗用車、勤め先のみならず、身内の人間までもを「ウチ」として包括する。身内の人間までもを「ウチ」＝家のヒトとして一括する意味派生を同様に「メトニミー」的拡張とみなすA・ベルクによれば、印欧語圏では自我の所有物を自我の延長とみなすことはあっても、身内であれ、他者をも自己と同一化するといったケースはありえない。「ウチ」は元来、自我を中心とした圏＝場所として「ソト」との境界の内側（＝テリトリー）を意味したが、その範域内のものやヒトと自我とが溶解し、同化した日本固有の「主体」概念としていったん成立すると、そこに至るメトニミー的過程は潜在化してしまい、不可視化されてしまう。この「ウチ」化としての「同化」の作用をこそ注目すべきだとベルクは指摘する。「今の場合、決定的に重要性を持つのは、主体（個人的あるいは集団的な）と、それが所属する内側世界の間に起る同化作用である。この同化作用は『わたし／わたしたち』『（わたしの）家』『（わたしの）内側世界＝所属集団』という三概念が同一の言葉で示されるところに読みとれる」[61]。これら「身内」「家」「会社」「地域」といった事象はいうまでもなくメトニミー的プロセスないしその拡張の結果として社会的に実体化されたものであるが、次には、その実体がその背後のメトニミー的プロセスの隠蔽として機能してしまうのである。

こうした日本的「ウチ」のメトニミー性に対照的なのが自我のメタファー的拡張とされるものである。池上によれば、「もう一つの拡張のされ方は、話し手が自らを他者に投影し、その他者になりきって状況を体験するというやり方である。話し手が他者へ写像的に転位されると考えるならば、この場合は、先ほどの場合との対比ではメタファー的な過程と言うことが出来よう」[62]。メトニミーが同一概念領域内での近接関係に支えられているのに対して、メタファーは異質な概念領域間の類比関係に支えられていた。自我は「ウチ」化された同類の集団内に融解されるか、あるいは自我とは異質な他との対峙の中で浮き彫りにされるかである。つまり、自他関係が対立的に捉えられるのが「メタファー」的過程で、自他関係が融和的に捉えられる場合が「メトニミー」的過程ということになる。

経験的自我が「話し手」として言説の外部に立ち、言説全体を直接的に（辞を介して）統括する日本語では宇津木の言うように、自我はその「語り」に埋め込まれてしまい、対象化されることなく無自覚に「我」を通すことになりがちである。それを防ぐためにも、「ウチ」なる集団への自我の拡張と、その集団内部における明確な位置づけ（すなわち「分」）の自覚が促されることになる。自我そのものが言表として客体化され、検討にさらされるチャンスは希薄である。これに対して、印欧語では自我は常に言説の中で「主語」として、「目的語」としての他者との対峙にさらされる。そこでは自他がともに客体化されるとともに相互に対比され、その関係が検証されることになる。だから、菅野も言うように、印欧語圏においては自我のメタファーとして強力なのは「主語」となる。「…〈自己とは主語である〉という隠喩は、豊富な含意の点でも体系立った組織の点でも他の隠喩の追随を許さない、歴史的傑作だと言えるかもしれない。デカルトとその反対者ライプニッツなどに代表される合理主義的人間観の基礎をなすのは、こうした隠喩である」(63)。

いずれにせよ、自我のレトリカルな投影としてしか自我を形あるものとしてイメージすることはできない以上、そうした自我イメージがレトリックのあり方によって規定されると考えることが可能であり、またそうした点から日本的自我と西欧的自我の対比を行なってみる試みは確かに興味深いものがある。

Ⅱ　日本文化のコード

第三章　日本的発想と主体性

日本語の構造に潜在しているメトニミー的論理について検討を加えてきたが、ここからはそれを踏まえて、日本文化の深部にも同様の事態を見出せることを明らかにする。まず、日本的思考、ないし発想の基盤に注目しておきたい。その際、「雑種文化」とも称される日本思想、文化は海外の文物の貪欲な摂取に努めて今日に至っている。だが、それは単なる恣意的な受け入れではなく、そこには独自の「ウチ」化に基づく受容のメカニズムが隠されている。そのメカニズムのメトニミー性に注目するとともに、日本的発想の枠組みをなす固有の「主体」と「自然」のあり方について検討しておく。

1　日本的発想とメトニミー

まず、日本的発想の特徴について考えてみる。だが、この点ではわれわれには極めて先鋭な先駆者が存在している。日本的思考の基盤にメトニミー的論理の所在をいち早く指摘したのは鶴見俊輔であった。彼は日本文化の特性として「極小化」とともに「見たて」を挙げる。日本庭園における石を雄大な山岳に「見たて」る認知様式である。この場合、人は直接目の前にない心の中のイメージを、目の前にあるシンボルに投影しているのである。(1) 今までの議論の延長線上で解説するなら、ソトのなじみのない事象を表現し、把握するために、それをウチの馴染み深いモノになぞらえ、見たてるというメトニミー的機制がそこに働いているのである。鶴見の「見たて」論の紹介者である神島二郎によれば「これは、ある事物を仮に他の卑近な事物におきかえてその性質や機能をさぐり、また、伝達しようとする」(2) 操作的な方策であるとされる。

すでに、これまでの展開で、日本語の主要な特性の基礎にはメトニミー的構造が潜在していることをみてきたが、ここであらためてそれを傍証しておく。そのために、メトニミーの事例解説の一つをまず紹介しておこう。それは言語表現とメトニミーの「参照点」との関連に関する事例である。「『私は昨日いとこに会った』における『いとこ』は通常、この文の話し手（私）のいとこです。つまり、話し手を参照点として、『いとこ』が誰を指しているかが明らかになります。このように、『いとこ』『親』『兄』『おば』などの親族名称と言われる一連の語は、参照点である人を踏まえてはじめて誰を指しているかが明らかになるわけです。また、話し手以外の人が参照点である場合（加えて、文脈からは参照点である人が明らかでない場合）は、『Aさんのいとこ』『彼のおば』というように参照点を明示することが必要となります。たとえば、『あの人、誰?』と聞かれて『弟だよ』と答えた場合、この答を聞いた人は、『弟だよ』と答えた人の弟だと理解するのが普通です」[3]。この解説から、まず「なじみ深い」領域内の「参照点」が「話し手」自身である場合があることが指摘され、それは（話し手自身にとって、いわば自明であるから）あえて言語化されることはないことも確認されている。この点に実は日本語における「主語」の不在と、「なじみ深い」参照点領域内（＝「ウチ」）への「話し手」の視点の内在の根拠が存在する。その上で、いわば（「なじみのない」）「ソト」の「ターゲット」を「概念化」しつつ、それを（「なじみ深い」）「ウチ」の「参照点」を経由して捉え、表現するメトニミー構造のいわば「上部構造」として時枝の「詞・辞」論が成り立つ根拠がある。

他方、こうした「ウチ」「ソト」の枠組みから日本語の構文論的特性を解き明かそうとする言語学的究明の限界を森田の事例のうちに見出すことができる。たとえば、日本人が旅の途中で、迷い子になった時に発する「ここ、どこ?」という発語に関して、「明らかに『ここ』で表わされる内容は、外部世界を対象とした現場指示だし、『どこ?』が意味する働きは話者自身の問い掛け感情の代弁だ。つまり外の世界に対して抱く内なる感情を、簡潔に『ここ、どこ?』とたった二語で言い表わすことができる。これほど簡略に『外・内』の関係を言葉で組み立てる日本語とはなんと機能的な言語であることか」[4]と評価されている。評価の当否自体はここでは問わないが、日本語の構造が詞と辞から構成されるとする時枝の議論を規定する枠組みとして「ウチ／ソト」を提示したものである。だが、「なぜ、ウチ／ソトなのか」の根拠については踏み込んだ議論は展開されていない。というのも、それは言語学的射程を超えた問題だからである。先の籾山の解説事例の場合は言語現象の背景である認知構造の点からこれを解明しようとする分、「ウチ／ソト」の枠組みの根拠をたどることが可能となる。その点で、日本語の構造の深層に「メトニミー的認知構造」を仮定する本論の展開は籾山の論点の先を目指すものである。

ところで、日本的発想としての「見立て」＝メトニミー的構造に注目した神島は、金谷が提示していた印欧語の視点＝「神の目」と日本語の視点＝「虫の目」に対応した視点論をそれぞれ「鳥瞰的な方法」と「虫瞰的な方法」(5)として提示していた。前者が対象を客観化し、対象化して観察するのに対して、後者はその対象を含む状況それ自体の中にうごめき、埋め込まれた視点をイメージさせる。神島によれば、その典型はやはり日本人であり、その視点が埋め込まれた「ウチ」から、対象である「ソト」を眺める視点にほかならない。神島によれば、明治以降の日本の知識人の視点もまたこうした虫験的視点を適用した例とみなされる。田舎の世間通が広い世間＝都市の動向に注目するように、都会の知識人は外国の動向に目を光らせてきた。「明治以降、日本人の視圏の拡大はたしかに目ざましかったが、その拡大の仕方はこのように一方的であり、そのことが認識のひずみを結果しないではいなかったのである(6)」。こうして、日本語の構造とメトニミーとの関連の問題は、実は日本思想ないし日本的発想のあり方に結びつくことになる。

2 日本的発想

そこで、ここでは個々の思想ないし思想家を対象にするのではなく、日本思想に関して鳥瞰した幾人かの思想史家の展開を中心に、日本思想のあり方についての議論を検討することにしたい。その際、(a) 雑種文化、あるいは文化の重層性などといわれてきた外来文化の移入に関する特質、(b) 事態を連続的に思考、発想するといった特質、(c) 思考、発想の情緒性の三点に絞って検討する。

(a)「ウチ」化

なじみのある（己を含む）「ウチ」を参照点として、なじみのない「ソト」のターゲットを己ないし「ウチ」へと「同化」することによって、それを捉えようとする認知的戦略がメトニミー的認知であったが、こうした戦略は、外来の文物の摂取において最も端的に示されてきた。ちなみに、「外来語」（漢語やアルファベット）の摂取について見るなら、そのほとんどは名詞であって、そこに助詞をつけることで副詞や形容詞を作り、「する」を加えることで動詞を作ってきた。「詞・辞」論的には、外来語が取り入れられるのは、あくまで「ソト」の概念化（「詞」）とその豊穣化に限定され、「ウチ」の「辞」における日本語の「主体化」といった根幹には関わらせないといった姿勢が貫かれてきた。外来文化の受容と摂取は、あくまで本体である日本文化の根幹に触れさせることなく、枝葉の一要素として組み込むものであった。「和魂漢才」と呼ばれてきた外来文化の摂取の仕方はあくまで、「それの手段的、素材的意義が認められ、そのかぎりにおいて摂取されたにすぎない」(7)。そこから、「雑種文化」とか「文化の重層性」などと言われてきた現象も、何もかも恣意的に摂取するというのではなく、そこに一定の選別基準が存していることに注意する必要がある。

　ところで、この外来語と詞辞論との絡みをエクリチュールの問題として扱った柄谷によれば、そもそも詞・辞の区別は漢字と仮名との混用といったエクリチュールの歴史的慣用に基づくものであり、詞＝概念は漢字、辞＝助詞、助動詞は仮名といった表記上の区別に重なり合うものとされる(8)。だが、漢字を受け入れたのは日本だけではなく、朝鮮も同様であった。ただし、日本では漢字を音だけでなく日本語風に訓として読むこともなされたのに対して、朝鮮では漢字は音だけで読まれたという違いがある。柄谷によれば、この点に日本的特徴を見ることができる。訓読みとは、第一に、外来語である漢字の内面化であるが、いったん内面化されるや、日本語の漢字表記といった転倒した意識が生じる。第二に、にもかかわらず、その内面化は「外部的」なものに留まる。というのも、漢字はなお外来語で、和語とは異なって、抽象的な意味を持ち続ける(9)。外来的なものの一方における「同化」と、他方における「差異（差別）化」といった微妙な構造化の在り方が国を挙げての社会認識上の現象をなすのは、家族国家観と、その植民地主義的膨張においてである。それは七、八章のテーマをなす。いずれにせよ、漢字、仮名、カタカナ、アルファベットなど様々なエクリチュールを堆積し続け、にもかかわらず、詞・辞論的な、したがってメトニミー的認知構造の根幹はそのままにあらゆる外来的なものを受け入れ、保持し続ける固有の文化がそこに成り立つ。柄谷はこうした訓読みの事例から、日本語における「去勢の排除」(10)(ラカンのいう去勢＝言語世界への参入、からの逃避)をもって「日本的なるもの」の典型とするが、この自立的な言説世界からの逸脱はあらゆる外的世界の事象を概念化＝「詞」化しつつ、最終的には概念化からはみ出す主観的＝「辞」的世界によってその全体が支えられる、日本語の「詞・辞」構造と、その基層に潜むメトニミー的原理に由来する。

この「なじみのある」「ウチ」(この場合は日本語の根幹)に適応可能な限り、可能な形式において「ソト」(外来語)をわがもの化＝同化するプロセスは典型的なメトニミー的認知の構造に規定されたものである。だから、外来の文物の何を、どのように、どのような断片、どのような変容を経て「ウチ」化するかは、この「ウチ」のあり方によって規定されているわけである。このことは、外来語に限定されるものではない。古くは仏教の移入に際してもいえる。芳賀矢一は『国民性十論』(昭和一三年)において「本地垂迹」に関して、「仏壇のある家にも神棚はある。仏壇の中にも先祖の位牌がある」として、仏教の移入の前提となる神道との調和ないし妥協の不可避性を説き、「猛烈な勢を以て日本を席巻した仏教でも我国民性を圧倒するわけには行かなかった。やむを得ず、調和策を採ったのである」(11)としている。日本古来の神道を「ウチ」として、「ソト」の中国伝来の儒教、道教そして仏教を神道の教えの中に取り込んだり、順応性を持ち、いわば「ウチ」化しやすい「大乗仏教」のみを選別して導入したりといった独自の外来文化摂取受容のあり方をそこに見出すことができる。こうした「ソト」のものの摂取受容のあり方について、詞・辞の区別に基づく受容と同様な方式は他の文化、文物の場合にも見受けられる。つまり、「ソト」のものをあくまで「ウチ」の眼鏡に叶う限りにおいて受け入れる、ないしは受け入れうるように変形するのである。いわば、「ウチ」へと適応（＝「ウチ」化）可能なもの、ないし適応可能に変更しうる限りで、「ソト」のものを受け入れるわけで、そこには日本語におけるコンテクスト＝場依存性とその場への視点の内在といった機制と同じものが一つの（「ウチ」化の）装置として機能している。すなわち、そうした「ウチ」化の作用を実現する前提とは、「ウチ」のコンテクストに内在した視点から、「ソト」の事象をウチに適合的な限りで摂取し、「わがもの」化するわけである。だが、繰り返し指摘してきたように、そのコンテクスト依存性と視点の内在性の根拠こそ、日本語や日本文化の基礎に潜む「メトニミー」構造にある。それは経験的主体とその主観性たる「ウチ」を概念化された「ソト」と連続的に結びつけることによって、経験的世界と言説世界の融合を生み出し、しかしながら、視点はその経験的主観（「話し手」）に留まることになる。

この点を先に挙げた仏教の移入に関して見ておくと、小乗、大乗仏教の受容についての中村の指摘によれば、そもそも伝統的、保守的な仏教とは、世俗を捨て、超俗的な境位を目指した修行を積むことをあるべき姿としていた。わが国では、この原始仏教の流れをくむ宗派を「小乗」の名の下に貶斥して、より世俗（「ウチ」）になじみやすい流れを「大乗」として受け入れることになった。「大乗仏教はクシャーナ族が北方インドを支配した時代以後、すなわち西暦紀元後に表面にあらわれ出た民衆的仏教であった。大乗仏教のうちのすべてがそうではないが、そのうちのあるものは、世俗的生活のうちにおいて絶対の真理を体得すべきことを教える」[12]。日本人が「ウチ」に適合的とみなした大乗仏教の性格とはそのようなものであった。そして、こうした世俗の「ウチ」の秩序に適合的な宗教の受容は、こんどは世俗的な技芸を宗教的に意味づけることになる。茶道、華道、書道、画道、武道、剣道、柔道、弓道などが近世以降に成立することになる。中村のいう「ウチ」の秩序を実体化した「有限にして特殊なる人間結合組織」とは、その内部に組み込まれた当事者にとって「ウチ」と感得されるなじみのある集団、組織にほかならない。そして、日本は外来の宗教や制度、文物などをこうした「ウチ」に適合しうる限りにおいて、そしてまたそのような変容を介して受容する性向がある。

むろん、こうした「ウチ」化といった同化のあり方に対する批判的言及も存在する。その代表は丸山眞男である。「むしろちがったカルチュアの精神的作品を理解するときに、まずそれを徹底的に自己と異なるものと措定してこれに対面するという心構えの希薄さ、その意味でのもの分りのよさから生まれる安易な接合の『伝統』が、かえって何ものをも伝統化しないという点[13]」が告発されることになる。だが、こうした「徹底的に自己と異なるものと措定してこれに対面する」といった発想そのものが実はメトニミーと対照的なメタファー的、したがって西欧的な認知構造に裏打ちされたものであることは明らかである。丸山の発想が如何に日本人離れしたものであるかということ、それは実は極めて西欧的発想であるということがこの点からもはっきりする。そして、こうした批判は、日本人には西欧的発想が欠如しているといった点に終始する。その批判はさらに西欧の文化、文物、制度の移入にまで及び、それらが創造された現地の「精神的」土壌を丸ごと移入するのではなく、それを「既製品」として受け入れた点にも向けられ、こうした移入の仕方からは、「ともすれば、現実からの抽象作用よりも、抽象化された結果が重視される。それによって理論や概念はフィクションとしての意味を失ってかえって一種の現実に転化してしまう」[14]と論難される。だが、問題は、モジュールとして移入された外来の制度、文物がそもそもその発祥の地において如何なる精神に基づいて構築されたかの詮索は、モジュールとして移入された別の地の精神構造の下で如何なる変容を遂げたかの詮索に資する限りで要請されるという点にある。中村はそれを「特殊な人間結合組織」といったぎこちない概念に基づいて明らかにしようとしたのであるが、その全体は当のモジュールの生みの親における精神構造と、それを移入した側の精神構造の違いを踏まえて初めて意味をなす問題なのであり、そのためにこそ、日本と西欧の発想のあり方を規定する基底的な原理の究明が求められることになり、丸山の「日本の古層」への探求はその点に動機付けられたものと考えることができる。

（b）連続性

自他、主客を共に対象化し、相互間の対比に基づいて、その類比関係を求めるメタファー的認知構造が、自他、主客間の分離と対立を前提とした発想であるのに対して、ウチなる自己とその視点からソトなる対象を捉え、それに一定の変容を加えた上でウチへと引き込み「わがもの」化する（＝同化）といったメトニミー的認知構造は、自己と対象との同一化や連続性を求める発想である。こうした連続性を日本の創成神話の基底に見出そうとしたのもまた、丸山眞男であった。彼によれば、その基底には「つくる」「うむ」「なる」といった基本動詞の類型が見出される。

「『つくる』論理を純粋化すると、つくるものとつくられるものとは、主体と客体としてまったく非連続になり、それだけ『うむ』論理——そこではうむものとうまれるものとの間には血の連続性がある——から離れる。その意味では『つくる』にたいして、『うむ』と『なる』とが対峙する位置を占める」[15]。だが、「なる」は自動詞で、「生む」と「つくる」とは他動詞であり、「生む」「つくる」主体は「生まれ」「つくられる」客体とは別に分節化されることになる。これは、ある出来事の主体と客体とが融合するような動詞から、双方が対峙するような動詞へと、「なる」——「うむ」——「つくる」の間の差異を突き詰めることで、創成神話の基本動詞の機能を明らかにしようとした作業である。「つくる」の典型がユダヤ・キリスト教的世界創造神話であり、これに対して、日本神話では「なる」の発想が中心となっている。前者が主体、客体間の不連続と対比の構図をなし、後者がそれらの融合と連続の構図をなしていて、それぞれはメタファーとメトニミーの認知様式を基礎としている。しかも、「なる」事象は「つぎ」「つぎつぎ」と連続的に発現するとされる。記紀においてはそれらが多用され、時間的連続性に基づく発想が見られる。いわば自然の連続性の中に人為は埋め込まれていて、西欧的な人為による自然の連続性の分断といった発想が希薄である。しかも、そうした連続性は自然的世界のみならず、血統や家の連続性から業績や行動の継続といった人為的な世界の描写にも用いられている。血統や「いえ」の連続はいわば生物学的自然の領域に属すものであるから「連続」的であるのは「自然」であると考えられる。だが、業績や行動といった明らかに人為の世界もまた同様に

「自然」の連続性の下に置かれるというのが記紀神話の特質といわなければならない。丸山はそこに日本の価値意識の深層＝執拗低音を見出そうとするのである。(16)

丸山のこうした「つくる」と「なる」といった創成神話における基本的動詞の対比は、神の創造物としての「自然」と、おのずからなる日本的「自然」との対比によっても示されている。日本的自然観については後述することになるが、そもそも日本語の「自然」は、nature の訳語として名詞形で用いられる以前は、「自然に」、「自然な」というように形容詞や副詞として用いられてきた。そこでは「おのずからなる」という語義が保たれていた。そこにもまた日本的「伝統」の所在を見出すことができる。

つまり、日本的自然観は西欧のキリスト教的伝統の中では、超越的人格神の「創造」(「つくる」)とされるところを、「おのずから」(「なる」)と捉えるわけであるから、単なる自然の「見方」にとどまらぬ形而上学的な枠組みの存在が予想されることになる。(17) そして、この「おのずから」なるという自然は自らが作用因として霊的な存在であることになるから、それは同時にアニミズム的に発想されたものである。思想内容としては、この点に日本と西欧における連続・非連続観の違いを根拠付けることができる。「神、人、自然を連続的にみる思考様式(18)」はアニミズム＝自然宗教の所産であり、これに対して、それらを非連続的に見る思考様式は人格神を立て、自然宗教から切断されたユダヤ、キリスト教などの「創唱宗教」の所産である。つまり、「人間の現在の生と、人間をこえた生命なきものの世界と、さらにはまた生命を失ってしまった無の世界を連続体としてとらえる考え方(19)」は、太古のアニミズム的世界観が否定されないまま、今日に至るまで持続し、日本人の世界観として定着したものなのである。

（c）情緒性

丸山眞男はさらに、国学による儒教批判のうちに、いわゆる「実感信仰」の所在を指摘していた。そこでは、「手応えの確かな感覚的日常経験にだけ明晰な世界をみとめる考え方[20]」が国学の思想批判の「伝統」をなしていることが示されている。この「伝統」は、日本の近代化における二つの思惟様式の対立の一方を支えるものである。すなわち、「一方で『限界』の意識を知らぬ制度の物神化と、他方で規範意識にまで自己を高めぬ『自然状態』（実感）への密着[21]」であり、近代化とともに、前者は「官僚的思考様式」を、後者は「庶民的思考様式」を打ち立てることになる。

その上で、日本近代文学の場合、それは理論信仰と実感信仰とに挟撃されつつも、日本語の性格に押されて、実感信仰へと傾斜していったと指摘される。日本語文の体験描写性と印欧語文の合理的な命題性との対照は丸山によっても捉えられており、合理的、論理的な印欧語文の構成に対する、感覚的、感情的な日本語文の特性が、個々の「話し手」の「意識的な立場を超えて『伝統的』な心情なり実感なりに著しく傾斜せざるをえなかった[22]」のである。

だが、西欧の制度、文物の移入に関する「物神化」のみに過度な理論信仰を見出す議論に対しては、そもそも日本近代化の思想内部に理論、実感両信仰の癒着を指摘する議論も存在する。相良は、その両信仰の淵源を、松陰、諭吉の「天理即人情」的発想のうちに求めつつ、「近代における『理』理解としてまず注目されるのは、福沢諭吉『学問のすすめ』の『天理人情にさへ叶へば』『天の道理に基き人の情に従ひ』という天理と人情とをただちに重ね合わせる発想である。人の上に人がないというのは天理であるが人情の内容でもある[23]」とする。諭吉のこうした天理即人情的な発想は松陰の用いる「人情天理」といった熟語のうちにも見出すことができる。それらは人情を抱き込む天理と、理を抱き込む人情といった二つの流れを合流させるものである。これによれば、そもそも日本の近代思想内部に、固有の理論信仰と実感信仰へと分岐するに至る二つの流れが微妙な形で合流していたということになる。

それはともかくとして、こうした日本語の性格としての「情緒性」については、その言語学的な根拠が示されてきた。日本語に固有の内在的な「視点」を踏まえるなら、日本語では主語を立てず、「話し手」の目に映る外部世界の記述がなされることになる。「話し手」の視点が言説全体を統括する以上、わざわざ「話し手」自身を主語として言表する必要もなく、すでに森田の事例として見てきたように、道に迷ったあげく「ここ、どこ？」といった極めて簡略な表現によって自身の内的心情を吐露するような表現が可能となるのであった。そして、「鳥類的」と「爬虫類的」視点（「神の目」と「虫の目」）の差異に基づいて、日本語の情緒性について、「一種の近視眼的思考法ともいえる〝情感的な文脈〟に日本語は支えられてきた[24]」と指摘されている。

日本語が情緒的な言語であるということは、それが印欧語のように経験的世界の文脈から自立した、

「命題文」を構築するというよりは、経験的世界に実在する「話し手」と「聞き手」、そして、現実の素材を結びつけることを主眼とした言語であり、したがって、爬虫類的な視点とは、そうした経験的文脈に埋め込まれた視点であり、日本語文とはそうした視点から経験的世界を描写したものとならざるをえない。いわば、人間関係の情感を身に帯びた言語なのである。そのことを、中村は次のように例示している。

「また日本語においては質問に対する返答の文が、西洋と逆の場合がある。日本人は、『あなたは行きませんか？』という問いに対し、『はい、行きません』と答える。…この場合英語では"Don't you go?"という質問に対して"No, I don't"と答える。…西洋では、相手の述べる疑問文のうちに素材として含まれている客観的な事柄に対して否定あるいは肯定を述べるのであるが、日本およびインドでは相手の抱懐する思念あるいは志向の内容に対する否定あるいは肯定を表示するのである。…簡単にいえば事柄に対する返答ではなくて、相手に対する返答である(25)」。

西欧の言語は、自他および表現内容のすべてを言説として概念化、客観化し、その言説上での諸言説のやりとりがコミュニケーションのプロセスをなす。これに対して、日本語では、自他それぞれの経験的現実内における具体的な関係へと言説が繋ぎとめられ、表現内容それ自体が言説として自立することなく、経験的現実に埋め込まれている。視点の内在性や「爬虫類的」視点（「虫の目」）を生み出す土壌がそこにある。そして、日本語の情緒性とは、まさしく日本語が言説として自立しないままに経験的現実や主体に繋ぎとめられているがゆえに、現実との関係において主体を襲う情念、情緒、情動に浸透されるところに起因している。

日本語文の非論理性と情緒性について繰り返されてきた指摘の背景には、構文論的特性のみならず、そこからはみ出したコンテクスト＝経験的現実とそこに埋め込まれた「視点」の問題があった。中村がこう指摘する言語学的背景には時枝の「詞辞」論への言及がある点に注目しておく必要があろう。だが、繰り返し触れてきたように、日本語の構文上の特質がこうした日本語による思想表現の連続性や情緒性を直接に規定するのではなく、その基層に潜むメトニミー的認知構造に、日本語のみならず、その思想表現もまた規定されていると考えるべきである。ちなみに、大野は日本語と情緒性との関連について、「日本語の中における抽象名詞の欠乏、擬音語、擬声語の多用という現象が、その裏づけをなす」と指摘しつつ、擬態語による表現が、全体を分節化することなく、その全体的表象に対する感覚的反応を、それに近接した言語音声と結びつけて了解しようとするものであり、その点、全体を概念的に分析してやまない印欧語の了解とは異質的たらざるをえないと述べている。[26] つまり、大野の意図とは無関係に、事象をその一部となる「音声」や「状態」に（「見立て」ることに）よって描出する、擬態語の成立メカニズムのうちに潜むメトニミー的原理に、日本語の情緒性の発生根拠が見出されているのである。

3　日本的〈主体〉と自然観

次に、日本的発想の枠組みを規定する日本的「主体」と、その「世界」像について考えておこう。

（a）日本的〈主体性〉

「主語なし」文や、日本語文における自動詞文の氾濫から短絡的に導き出される日本人論はおおよそ没主体的でことなかれ主義、受動的で集団への自我の埋没といった批判にさらされてきた。例えば、伝統的な「共同体」と「和」といった徳目に関して、荒木によれば、共同体の論理を優先することによる「自己滅却」の姿勢から「和」という徳目が生み出された。そこでは「自己実現」は自己否定と他者依存とを通じて叶えられることになり、それゆえ「自然発生的」という意味での「自発的」な自己実現の方策が追及されることになる。(27)

こうした日本人における「個人」的個性や主体性の欠如に関する指摘は和辻以来の日本家屋の意匠、とりわけ「個室」の欠如と襖による部屋割りに対する欧米家屋の「個室」と鍵の存在との対比といったよく知られた論拠を髣髴とさせるものである。

むろん、そうした一方的な主張に対して、欧米における個人性の象徴が家屋の造形や部屋の独立において典型化されているように、日本の場合には、個人ごとの食器への執着のうちに、そうした個人性の表現が見出されるといった対論などが提示されてきた。(28)こうした日欧の差異は、いわゆるプライバシーの象徴として何を典型とするかの文化の違いだとされる。つまり、日本人には西欧的な意味での「自立的」個人といった性格特性が欠如すると主張することと、日本人に固有の「個人性」「主体性」を問うということは別の位相の問題であり、これをあえて混同するところから日本人の「没主体性」観が産み落とされてきた。

ちなみに、西欧の主婦権の象徴である「鍵」に相当するものは日本では「しゃもじ」にほかならない。日本の主婦の場合、主婦権のシンボルとなるのは「しゃもじ」である。この食事配分の道具であるしゃもじこそ、家事一切の権限の所有の証であり、それを主婦から息子の嫁に譲り渡すことを「しゃもじ渡し」と呼ぶ地方が多い。さらに、抽象的な「個人」の資格における「主体性」を問題とする欧米型の主体像に対する、社会関係内の具体的な地位＝役割の資格における「主体性」を問題とする日本的主体像との差異は、日本語における「人称代名詞」の不在と、いわば役割＝地位名称のなごりを引きずった日本語における（自・対・他称詞からなる）人称名詞との対比に対応していると考えられる。

こうして、かりに西欧型の個人主義的な自我意識を持たないにせよ、だからといって、日本人の「自我」に固有の「主体性」が欠如していると結論づけることはできない。そもそも日本的「自我」の何たるかを踏まえた上での比較でなければ「ないものねだり」の議論に終始するほかない。[29] いうまでもなく、近代以降の日本はタテマエとして西欧的制度や文物、市民主義や個人主義の移植を試みてきた。しかしながら、そうした外来の樹木を植えるための土壌までは移入することは出来ない。西欧の個人主義を移入した際にも、それがどのような土壌ないし土台に植樹や接木されたかを考える必要がある。

それでは、日本的主体性の所在についてはどのように考えられてきたのであろうか。西欧的な主体性が自然世界に対する支配と開発といった実践的な働きかけを主とするのに対して、日本的な対自然的態度が「こと」＝言葉を介して成り立ってきたとするのは荒木である。荒木によれば、「ものがたり」的な「もの」（「世の原理、法則」）に対して、日本人はただそれを受容するだけの「無私」の立場を貫くが、逆に「こと」（「非原理、一回性、可変的な出来事」）に対しては、極めて主体的な関わりを示してきたとされる。この「こと」的世界への言語を介した働きかけの代表が「ことわざ」「標語」「はやし」などである。ちなみに「ヨイショ」「コラショ」など、「はやし」は所与の事態への主体的関与を促す掛け声と考えられるが、この「生やし」「早し」の語義を共有する「はやし」は、あるものの生成を促進する「呪言」にほかならない。その背景にある言語観とは「1、言語に内在する力、すなわち言霊への信仰、2、『こと』的世界を、言語を発することによって、あるいは言語の呪力に頼ることによって、ひとつひとつ処理していこうとする態度(30)」とされる。西欧的な対自然的＝人為的な開拓といった働きかけとは異なる、言葉の呪力を介した独自の働きかけは、単に受動的、没主体的な態度ということはできない。そして、日本語文における言説世界の非自立性と、コンテクスト（現実）世界への依存と浸透とは、このアニミズム的な言霊論と重なり合うことに注目しておきたい。

さらに、こうした日本的主体性のあり方を代表する事例が古事記以来の日本古来の歌謡に見ること

ができる。ちなみに
「千葉の葛野を見れば白千足る家庭も見ゆ国の秀も見ゆ」（古事記歌謡四一）を取り上げておこう。

ここで「見ゆ」という言葉に注目しておきたい。というのも、「見ゆ」は「…を見る」というのとは異なり、対象に対して主体的に「見る」のではなく、対象のほうがその形を「見せる」といった対象の側に主導権を握られた事態を指す。

そこで、こうした没主体的な「見せられる」事態に対して、にもかかわらずこうした事態をいわば主体的に仕組む作為の存在が「見れば」という言葉のうちに秘められている。つまり、「見れば…見ゆ」といったこの表現は、単に視覚を対象に向けるというのではなく、「見れば」といった「見る」主体の意図的な構えを前提とした時に、初めて「見ゆ」といった現象がおのずから対象から与えられてくるという事態を示している[31]。つまり、「見れば」といった対象に対する主体的な構えを踏まえてではあるが、対象が主体に対して与えられるあり方は、「見えてくる」という意味の「見ゆ」にかかってくる。イニシアティヴはここでは対象の側にある。だが、同時に注意しなければならないのは、対象としての「見られる」側は即自的な事物存在としていわば「客観的」に存在するわけではないという点である。それは「見れば」という「見る」主体の関わりに先行されて初めて「対象」として立ち現われる。この経過は伊藤によって次のように説明されている。

「…その前提条件たる『見れば』は、『見る』者の立場を定め、見ようとする姿勢と意欲とを表出する機能を担っている。『見れば』と述べて『見る』ことは、対象を視覚の主体の眼前に定位させることへの強固な意志を担って成る行為であるといえよう。そして、その行為には、強度の主観性がまつわりついている。…その『見る』ことに応じて立ち現れる『見られるもの』は、主体の意志、意欲から離れて独自に成りかつ在るような、いわゆる客観的存在ではありえない。その際、『見られるもの』は、主体の側の『見る』意志、意欲を媒介として、いわば主観的に構成されている」[32]。これまでの本書の展開の流れから言うと、ある「ソト」なる対象を捉えるためには、その対象を主体の側、いわば「ウチ」なる場へと引き込み、意味付与し、主体化＝「ウチ」化（＝「主観的に構成」）する精神的な構えが前提とされるということである。

ところで、この「見れば」と語ることによって「見る」行為を実現する方策は、「発話行為論」における「発話媒介行為」に対応した発想を想起させる。というのも、言語化することによって「語られた」（祝う、名づける、裁く、宣言するなど）行為を遂行することは、語ることを通じて「主観的に構成された事物」の現前（＝「見ゆ」）を実現することに対応するからである。「すなわち、『――見れば――見ゆ』という文形式は、外界を呪的に構成することへの意欲をあらわに示すもので、この文形式によって切り拓かれた世界は、そこに内在するすべての事物が呪的で主観的な（ないしは共同主観的な）幻視の視線によってとらえられて在る世界にほかならない、と考えられる」[33]。

このように、古代の日本人にとって、自然や事物はそれ自体として即自的に、客観的に存立するものとして与えられはしない。伊藤も指摘するように、まず「見れば」といった主体的な構えによって、対象をいわば認識の対象として主観的に構成＝意味付与することを通じて、対象はおのずからその本性を開示すると考えられている。つまり、「見ゆ」とは、即自的存在としての景をただ受動的に「見せられる」といった態のものではなく、あくまで見る「我」との関わりにおいて、「我」にとって眼前に「在る」といったあり方にほかならない。そして、こうした景＝自然（「ソト」）に対する「我」＝主観（「ウチ」）の固有の対峙の仕方のうちに、認知対象に対するメトニミー的な構図が隠されている。

こうした「見ゆ」＝認識・知論を通して判明することは、日本的知にとって、西欧的な客観的＝即物的な自然、対、理性的な認識主観といった二元論的な枠組みは無縁だということである。日本的知においては、自然はそもそも人間化され、主体化された位相において立ち現れ、したがって、そうした自然の一部としての主体のうちに、自然は自らを顕現するとみなされる。[34]

いわゆる概念的思考ないし把握が、対象の概念的マトリックス内への位置づけを介した操作的な手続きに基づき、いわば「差異化」の原理による対象の同定をめざすのに対して、前概念的＝身体的知は対象の「わがもの化」＝知的同化に基づくものであることはF・ニーチェやピアジェによってすでに指摘済みの事態である。こうしたメトニミー的で身体的な知の特性はしたがって、呪術的思考にも共有されている。「呪術は已れの側にすべてを引きつけ已れに従わせずにはおかぬ心情に基づいた、いわば人間中心の思考様式であり、今日の科学と技術へとつづく原始科学であり原始技術である…」[35]。

いわゆる主客合一といった境位とは主客二元論を前提とした概念的思考とは元来なじまない発想に支えられたものであり、それは前概念的（メタファー的ないしパターン認識などと形容されている）、身体的な思考であり、そもそも概念的思考とは位相を異にするがゆえに同一の座標上で比較すること自体がそぐわないものなのである。ちなみに、「古今和歌集」「仮名序」にある「やまとうた」に関する陳述（「心におもふことを、見るもの、きくものにつけ、いひいだす」）を解説した次のような論述には、主客合一とされる前概念的＝呪術的思考が的確に表現されている。

「作者が自然の景物に何らかの感動（心の動き）を覚えたとき、自己と景物とを対置させ、自己の主観が対象としての景物をこちらに引き寄せて表現する――というよりは、まず何よりも、わが心の感動をそのままに保持しながら、対象であるその景物に自己が入っていく…自然へ自己みずからが無心に端的にひたすらに没入していく、そうして、自己の心（感動）と自然の景物とが一体になる、ものにわが心がのりうつる、その境地、その時節においてはじめて真の主観ないし主体としての自己が対象（自然の景物）を逆にわが心のうちに写し取って、的確な言語表現を可能にするにいたる[36]」。

こうして、万葉人にとって、自己が対象と一体となり、主客融合を踏まえることで、「ものにわが心がのりうつる」ことを通じて、却って主体性が回復されることになる[37]。メトニミー的原理の発動によって、外的対象の「ウチ」化＝意味付与といった主客合一の境位と共に日本的「主体性」が打ち立てられるのである。

（b）日本的自然観

日本語文におけるコンテクスト依存性といった特質に注意してきたが、そこでは「語られたこと」はそれ自体言説として象徴体系内で自立することはなく、現実のコンテクスト世界への関与を残したままに、現実的な機能をもたらすべく発せられるといえよう。そこにこそ、発話の呪術的性格が濃厚に見出されるゆえんがあり、また、自然の取り込み＝感情・心情化され、主体化された「半自然」が導出されてくるゆえんがある。

この点で、オルティグによる主語の価値の二重性＝言説上の主体／話し手としての主体の二重性を前提とした「発話行為」に関する展開はこのような日本語文の特質を照らし出してくれる。というのも、「約束する」「禁止する」「命名する」といった「発話行為」においては、動詞と行為、主語と「話し手」とが一致し、表現することと表現において実現することとが一致するからである。ここには、すでに触れた言説と実在的なコンテクストとの「相互浸透」が見られる(38)。そして、この「語ること」と、それによって「為すこと」とが一致するほどに象徴的世界と現実世界との間に一種の癒合が見られるところに、呪術的世界観の受け継がれてきたなごりがある。日本語文の「主語なし」といった特質やコンテクスト依存性などは、この固有の自然＝世界観と深いところで関連付けられているといえよう。それはまた、日本語の思考＝知に濃厚な「身体性」の指摘とも対応するものである。

「…言語が人間の身体性から離れて行き、〈制度〉として他者化してしまうという過程――この過程自体も、人間のコミュニケーションの進化という観点から考察されるに値する興味深い問題であるが――そのような過程にあって、日本語という言語は身体性という原点からまだ比較的近いところにとどまっている。そして、その原点的な特徴の痕跡をまだ比較的多くとどめている、ということかも知れない(39)」

こうして、「――見れば――見ゆ」における主体の側の意味付与を前提とした自然＝客体との対峙のあり方は、西欧近代における即自的＝客観的存在に対する、自立的個人としての抽象化された主体との対峙とは異なる。それは「すでに、常に」人間化され、主体化された自然であり、同時に主体の側もそうした自然から切り離され、自立した抽象としてではなく、自然と合一し、その合一において独自の主体性を発揮する、そうした存在として観念されていたと考えられる。それゆえ、万葉人は自然を主体的に意味づけ、自己と自然との合一的な関係を通じて、そこから自己ならびに自然との把握に達するという方策に立っていたといえる。(40)

そして、そのように身体的、原初的に意味づけられた自然とは、いわば擬人的に意味づけられたアニミズム的自然にほかならない。それは意味づけ以前のいわば「生の」自然ではありえないし、また、西欧近代的な「脱世界化」（ハイデガー）され、抽象化された「客観」的自然でもない。岩田慶治が吉良竜夫に倣って「半自然」と称した自然がこれに当たる。それはすでに人間の手が加わり、飼いならされ、人間化された自然にほかならない。西欧における自然が人間と真っ向から対峙する存在であったのに対して、日本人にとって自然はそもそも融和の対象であった。(41)「――見れば」として人間的に対象構成＝意味付与され、言語化された段階で、自然はすでに「半自然」へと加工されているのである。

こうして、西欧的な「自然」対「人為」、「主体」対「客体」へと分岐した世界観とは異なって、古代日本の半自然においては人間化された景と、それを語る「話し手」とは、それぞれ現実世界と象徴世界とに分断されることなく、その両世界の癒合のうちに、それゆえ身体化された位相のうちに存立することになる。これこそがアニミズム的世界の温床なのである。そもそも人間と自然とを対峙する別々のカテゴリーと位置づけた上で、両者間の類比関係を見出すことによって成り立つ西欧的＝メタファー的認知構造とは対極的なメトニミー的認知は、人間にとってなじみぶかい「ウチ」の事象に「見立て」て、「ソト」＝自然の事象を連続的に「ウチ」へと引き込む方式である。そこにメトニミー的認知とアニミズム的世界像との間の親和性を見出すことができる。それは日本語使用に際しての奥深い文脈として今日に至るまで継承されてきたものといえる。ただし、アニミズム的半自然の衰退とともに、それは形式的な「高コンテクスト性」の言語として引き継がれてきたといえる。

第四章　私小説のコード

日本文化に固有の事例として、日本文学の一系譜としての「私小説」を挙げることができる。前章の「日本的発想」と同様、それは西欧的「自然主義」や「キリスト教」的自我の独自の「ウチ」化を介して構築されてきた。その代表である花袋の「蒲団」を組上にのせつつ、「私小説」固有の「視点」「事実性」「作者・作家論」などの問題を検討し、そのメトニミー的に規定された独自の「コード」を解読する。

1　「蒲団」論

「小石川の切支丹坂から極楽水に出る道のだらだら坂を下りようとして渠（かれ）は考えた」に始まる花袋三六歳の作品。その後この作品をめぐって様々な物議をかもした「蒲団」が発表されたのは明治四〇年九月であった。その数行後にこの作品のモティーフが提示される。「数多い感情ずくめの手紙──二人の関係はどうしても尋常（よのつね）ではなかった。妻があり、子があり、世間があり、師弟の関係があればこそ敢えて烈しい恋に落ちなかったが、語り合う胸の轟、相見る眼の光、その底には確かに凄まじい暴風が潜んでいたのである」。

この中年の小説家、竹中時雄と、その女弟子、横山芳子との間の恋愛ざたを、時雄の内面を舞台につづったのが作品の内容になっている。その三年前に花袋は「露骨なる描写」なる一文において、「何事も露骨でなければならん。何事も真相でなければならん。何事も自然でなければならん(1)」として、「技巧論者」を排し、文学的描写が「飽くまでも大膽に、飽くまでも露骨」でなければならぬ、と宣言していた。いわば、その「露骨なる描写」を徹底的に追及した結果がこの「蒲団」と目されている。

「蒲団」発表後の明治四二年には花袋は「小説作法」の中で、この作品に関して幾度となく言及している。発表後の『早稲田文学』誌上で繰り広げられた「『蒲団』合評」において、島村抱月の「此の一篇は肉の人、赤裸々の人間の大胆なる懺悔録である(2)」との評に対しては、「作者は無論懺悔などをしたのではない。作者にもしあゝいふ境遇に邂逅したことがあって、あゝいふ心理の状態に居る事があったとしても、作者はあれを好い事とも悪い事とも思って居ない。要するに現象である。…作者は唯見たまゝ聞いたまゝ考えたまゝを忠実に書いて見たにすぎないのだ(3)」として、後に触れる「平面描写」「傍観的態度」を遂行したに過ぎないと言い切っている。

（a）事実性

それゆえ、花袋にとって小説とはありのままの事実、外的現象も心的現象も含めた事実、経験的事実の描写を使命とするものとなる。「私の『蒲団』は、作者には何の考もない。懺悔でもないし、わざとああした醜事実を選んで書いた訳でもない。唯、自己が人生の中から発見したある事実、それを読者の眼の前にひろげて見せただけのことである」(4)。確かに「合評」において、「材料」が事実であるか否かを問うべきではないとする議論も存在した。「材料が事実であると否とは兎に角」（風葉）とか、「私小説の告白とは事ではなく心のそれのこと」（大久保典夫）といった主張がそれである。にもかかわらず、風葉自身がその文章の終わりのほうで、「而して、此作の力は、自分の閲歴を真率に告白した處にあるのだと思ふ」とし、「今は庇髪の若々しい女に戀する――思ふに此作者―ではないまでも――主人公は、時代と共に進んで、永久に戀をし、永久に若いのであらう」(5)と、「事」の事実性を問題にしている。

こうした雰囲気、すなわち、作者自身の人生上の「事実」か否かを問いただすといった空気は「合評」の全員を把握していた。秋江は「感情の自然を描け、自己に最も直接なる経験を描け、流石に田山花袋氏の『蒲団』はこれを実際に試みられたものでありませう。その藝術上の出来栄えは暫く措ひて問はず、むしろその勇気が実に文学史上の功業だと存じます」(6)とまで述べている。さらに作品における「作者自身の実感情、現実的興味が生のまま」でありすぎて、「客観化が不十分である」（天弦）

とか、「此作の事実と、作をすると言ふについての作者との距離の余りに密接して居ると言ふ事」（葉舟）を難じるような評価すら出されている。

近年においても、作者の経験的事実そのままの描写を「私小説」の特徴とみなす議論は継承されている。「…『蒲団』は知られる通り、花袋自身の欲望を、赤裸々に告白したものとして、また、事実をそのまま書くことが文学になり得ることを証明した最初の作品として、近代文学のひとつの方向を決めてしまった(7)」と。さらに、「蒲団」に関しては、それが作者の体験的題材を利用しつつ、作者＝主人公の視点から描写を行っているとも指摘されている(8)。

こうして、「蒲団」は、花袋のことばを借りるなら、「作者は見たまま、聞いたまま、考へたままを忠実に書いて見たにすぎない(9)」のであって、そうした対象や出来事に対する態度が彼の言う「傍観的態度」ということになる。そこでは自らをあたかも草木の如くに傍観し、「離れた心」を以って出来事を描写する、いわゆる「平面的描写」が提唱される。「単に作者の主観を加へないのみならず、客観の事象に対しても少しもその内部に立ち入らず、又人物の内部精神にも立ち入らず、ただ見たまま聴いたまま触れたままの現象をさながらに描く。云はば平面的描写、それが主眼です(10)」とされる。

（b）視点

作品の経験的事実性と並んで、私小説固有の「視点」のあり方もまた当初から議論の的となってきた。「蒲団」の「視点」に関する分析としては、岸が九章の一部を対象にして行った事例がある。それを踏まえて「視点」について見ておこう。まずは、その対象となる一部はこうである。

「芳子の霊と肉――其の全部を一書生に奪われながら、兎に角其の恋に就いて真面目に尽したかと思ふと腹が立つ。／其の位なら――あの男に身を任せて居た位なら、何も其の処女の節操を尊ぶには当たらなかった。／自分も大胆に手を出して、性欲の満足を買えば好かった。／かう思ふと、今迄上天の境に置いた美しい芳子は、売女か何ぞのやうに思われて、其の体は愚か、美しい態度も表情も卑しむ気になった。／で、其の夜は悶え悶えて殆ど眠られなかった」。

五つの文からなる、この部分のうち、始めの三つの文は、明らかに（作者である花袋と重複すると考えられる）主人公の内面的な想いの「露骨なる」吐露である。いわば、一人称的「視点」と言える。ところが、四文目「かう思ふと」以下の文は、そうした主人公の内面を傍観する第三者的視点による解説の文体となっている。主人公の独白と、三人称的視点からの主人公の内面描写とをバランスよく使い分けながら、極めて効果的に心情描写を実現した作品といえよう。

つまり、「一人称」か「三人称」かの問題ではなく、その「我」ないし「彼」の主観的視点が作者の視点に重ね合わせられ、主観「内部」の視点から「外部」の情景を描写したり、そうした主観「内部」を第三者的に解説することで、主観「内部」を赤裸々に暴露するという姿勢が問題なのである。「確かに、『蒲団』では主人公の独白から三人称による描写への移行がきわめて自然である。…こうした描写法は偶然の産物ではなく、きわめて意識的にとられた方法であった。…花袋の言葉に従えば、三人称小説に主観的描写を加えた文体が『蒲団』にとられたことになる(11)」。

このように、「蒲団」の場合、作者＝主人公といった単純な「一人称小説」とは言えない。だが、その「三人称」の視点の固有の主観性については次のような指摘もある。「『蒲団』はいうまでもなく竹中時雄を主人公とした三人称小説である。たとえどんなに不完全な造型であろうと、竹中時雄が設定され、『渠《かれ》』として扱われている以上、花袋内部で客観化の志向は当然あったと見るべきである。…問題は、他の登場人物の扱いである。作者の目を通して客観的に描かれるべきであった妻や芳子や田中が、主人公竹中時雄の目を通して描かれ、その心情を正当化させるために都合よく歪曲されてしまうのである。彼らの扱いにおいて、竹中時雄は、実は作者花袋であったことを露呈してしまったともいえよう」(12)。同様に「語りは三人称の語り手によるが、ほとんどが『語り手＝主人公』の視点（視点の「一致」）から報告されている」(13)とも指摘されている。

したがって、「一人称」か「三人称」かの問題ではなく、「一人称」であれ「三人称」であれ、その「我」ないし「彼」の主観的視点が作者の視点に重ね合わせられて、いわば「作者」の主観「内部」の視点からその「外部」の情景を描写するといった姿勢が貫かれているという点が問題なのである。そうした「視点」については、花袋自身がこう展開している。「内部は自己一人である。外部は総ての事象である。其事象を科学者がやるやうに研究して、すっかり頭に入れるには、写生が必要であると共に写生をするやうな気分に頭を持って行かなければならぬ」(14)。「一人称」か「三人称」かの問題ではなく、いずれにせよ、主人公＝作者の視点の「内在性」こそが大前提となっている以上は、たとえ「三人称小説」といえども、そこには「超越的視点」はありえないことになる。そのことは、「合評」

において片上天弦がすでに指摘していたところである。「作者は作中の人物を悉く三人称によって描きながら、主人公を表面にして、その他の人物事件は殆ど主人公の目に映り、主人公の感情を浴びたものとして現してゐる。形の上には客観的描写式で、作者の態度は主人公の主観的説話式である」[15]と。

こうして、私小説「蒲団」における「視点」の問題は、主人公（それが一人称であれ、三人称であれ）＝作者の主観的な「ウチ」に内在した視点から、「ソト」の事象を描出する私小説固有の、そしてすでに見てきたように「日本語」の言説にとっていわば宿命的な視点の取り方であり、したがって、日本語の（詞・辞の）構造をその深部において規定するメトニミー的認知構造に根拠づけられたものである。

（c）作品・作家・作者問題

ところで、私小説の登場が極めてスキャンダラスなものとして人々に喧伝された理由はいうまでもなく、作品に描かれた主人公の世界と、経験的実在としての作家の世界との重複を前提としたプライベートな事象に向けられた関心にほかならない。登場人物の「モデル問題」などがその典型である。こうした私小説特有の読者を巻き込んだ前提的了解、すなわち、作品の主人公と、話し手としての作者、そして実在する作家との三者の重複ないし融合に関する私小説固有の問題が存在する。

この問題をフーコーの「作者とは何か」[16]に準拠して整理を試みた山縣によれば、実在する作家と作品の主人公との同一視といった局面から出てくるのが、「なによりもまず、作品に描かれた主人公

『私』と作家『私』との照応関係が、つまり作家『私』の現実生活が作品の中にいかに忠実に反映されているかが明らかにされねばならない」[17]といった問題である。そして、ここから多様な「モデル論争」が生まれてきた。「蒲団」の場合では作品の登場人物である「芳子」と、明治三七年に父親と上京して花袋の内弟子として住み込むことになった実在の「岡田ミチヨ」との間の重複に関しては、花袋自身の「妻」「拳銃」などの作品や「花袋『蒲団』のモデルを繞る書簡」(『中央公論』昭和一四年六月)といった公表された書簡類などから大いに物議をかもすことになる。だが、山縣の整理によると、(1)実在の作家、(2)作品の主人公、(3)書き手ないし話し手としての作者といった三者の関係は、「書き手としての作者とは、『作家』という名前で呼ばれる現実の生きている人間と『作品』との間に存在する空隙であり、それ自身は中性的で本来的には無名の存在である」[17?]ことになる。その上で「…『私小説における「私」』の問題に眼を転じる時、この『私』は『作品』の側にも、また現実の『作家』の側にもなく、両者に引きさかれ、しかも二重化されている『作者』の内にこそ位置づけられるべきであるということは明らかであろう。『私』とは作品にリアリティを与える一形式であり、作品を書く作者の視点であり、書くという行為と共に生まれ、読むという行為によって再生する無である」[18]とされる。

山縣のこうした整理は原理的な考察に基づいており、それ自体としては説得力を持って居る。そこから、私小説論議にあっては、視点としての「作者」が実在の「作家」の視点と混同されてきたこと、したがってこの混同は一種の「錯覚」にほかならないことが明らかにされる。だが、こうした指弾を逆手にとって、私小説の特質を問うならば、逆にそうした作者の視点と作家の視点との混同ないし同一視といった「錯覚」こそが私小説の基礎にあると考えることができる。

すなわち、「リアリティをもたらす一形式であり、視点」である作者「私」は、当の「私小説的リアリティ」においては容易に（実在の）「作家」の視点と重ね合わせられてしまうのである。「私小説を特徴づける『リアリティ』とは、まず『作家の経験した人生』という『事実』に素材を限定することを意味するが、それによって同時にあらゆる虚構性は排除される。と言うのも、そこには『絶対に本当のことを書く』という要請が分かちがたく結びついているからである[19]」。

視点の内在性は、視点をとる（話し手の）「作者」の「事実性」への要請へと向かうがゆえに、その背後の（実在する）「作家」と重なり、また作品の「主人公」の視点として描写されることで重ね合わせられることになる。視点は常に「誰か」の視点として描かれた状況内に埋め込まれているはずであり、そこでは脱身体化された超越的視点というものは考えられないからである。

2 日本語と私小説

（a）日本語の宿命

以上、「蒲団」を材料に、私小説と日本語のいくつかの特性との関連を見てきたが、ここからは、さらに一般的に私小説と呼ばれるジャンルないし一群の私小説のあり方と日本語およびその深部に潜在するメトニミー的認知構造との関連について考えてみたい。私小説と日本語ないし日本文化との関わりに関しては、私小説の「自然性」とか「必然性」についての言及に注目する必要がある。「日本の作家の自己解釈のなかにいく度も回帰してくる一つの雛形は、自分は私小説を書こうなどと意図したのではなく、私小説は『自然な』自発的な創作過程の結果に過ぎない、との言明である。こうした意味のことを、たとえば尾崎一雄、高見順、三浦哲郎らは述べている」[20]。さらに、猪野謙二によれば、私小説は「宿命的ともいうべき『日本的現実』」とすら主張された。

そうした私小説の宿命性、自然性、必然性の背景を考える時、まずは日本語の特質と私小説との関連が組上に上ることになる。イルメラによれば、ナラエ・G・モチヅキが現代日本の文学テクスト四〇点について実施した調査では、語りの視点のほとんどが話し手の視点と一致していたという。その理由をモチヅキは、「話し手」の視点が言説全体を統括するといった「日本語固有の言語上の特性」[21]にあるとしている。印欧語では話し手＝「私」は語られた言説の内に「主語」として対象化され、いわば言表として客観化されるがゆえに、「話し手」としての痕跡は無化するのに対して、日本語では、「話し手」がいわば「辞」として言説全体を統括する機能を持ったままその姿を表わす。書かれた文章の影として、話し手は常に付きまとうことになるから、あらゆる文章は「私語り」の文章にならざるをえない。

鈴木登美は読み手側の問題として、やはり日本語文における「主語なし」の特性がはらむ機能について こう指摘している。「この特長のために、読者は語られる登場人物との一体感をよりいっそう感じることができ、また、個人的あるいは歴史的な特定の文脈を超越した『悠久な美しさ』が体験できる」と。[22]話し手が全面的に言説全体を統括しているがゆえに、そうした言説の読み手は、読み進めるにつれて否応なく話し手との一体感に浸されることにならざるを得ない。しかも、その統括は「辞」の部分によってなされているがゆえに、その一体感もまた「感情的」、「心情的」なものになりがちとなる。

その意味で、私小説を生み出した「実感信仰」のゆえんはこうした日本語の特性とも結びついている。俳句や短歌などの伝統的文学に固有の「トリビアリズム」（瑣末主義）の背景として、日本語の構文秩序をみれば、名詞の前に形容詞が置かれ、動詞は文末に来る。つまり、部分から始まり、全体（結論）に達するという文脈は、主語の次に動詞が続き、全体を提示するという印欧語文の文脈とは対照的である。私小説が事態の細部にこだわり、部分に終始し、全体にまで及ばないのも、また、内容的にも具体的、心情的なものを志向するのも、こうした日本語的特性に由来している。[23]いわゆる超越的な「神」ないし「鳥類」の視点からする全体的把握に対する、日本語固有の「虫」ないし「爬虫類」の視点は、すでに触れてきたように、世界を「触覚的」に、状況の赴くままに視点を移動し、状況内部にとどまり続けることになるから、その視点からする描写が瑣末主義的なものになるのはいわば必然なのである。

（b）自然主義と事実性

ところで、私小説の登場と自然主義運動とは連動している。その関連についてもこれまでに様々に言及されてきている。「蒲団」を皮切りに、「春」「家」（藤村）、「耽溺」「旅路」（泡鳴）など私小説の隆盛を見ることになるが、それらは「空想」を排し「事実」に就くことを小説の本道とするといった日本独自の事態をもたらすことになった。その背景について、中村光夫は、自然主義に関する西欧と日本の関与の違いに注目する。つまり、自然主義の運動は科学的思潮の中から生み出されてきたが、それを自前で生み出した民族と、それをモジュールとして、いわば外形的模倣を通じて移入した民族との違いである。「要するに、『科学』という言葉が当時のわが国ではその故郷であるヨーロッパにおいてよりはるかに魔術的な力を振るうと同時に、精神の表皮にしか作用しなかった」[24]とされる。これは、丸山眞男が同様に指摘したモジュールとしての制度、文物の移入に際して、それらの発祥の地における精神を排し、その外形のみを移入したという我国における舶来品の移入方式が自然主義の場合にも当てはまることを示している。だが、両者共に、移入された我国の土壌と精神とが如何なるものであり、その故に移入されたものが如何に変容されざるを得なかったかという問いを提示することはなかった。これに対して、小林秀雄にはその点への多少の目配りがある。自然主義文学の運動の中から日本独特の私小説が発生したゆえんは、「無論日本人の気質といふ様な主観的原因のみにあるのではない。何を置いても先ず西欧に私小説が生まれた外的事情がわが国になかった事による。自然主義文学は輸入されたが、この文学の背景たる実証主義思想を育てるためには、わが国の近代市民社会は狭隘であったのみならず、要らない古い肥料が多すぎたのである」[25]。「日本人の気質」についての言及はなされているが、それはむしろ副次的とみなされ、「西欧に私小説が生まれた外的事情」のわが国における欠如のみが指摘されている。だが、「日本人の気質」をも含む受け入れる日本側の「要らない古い肥料」が何であって、その故に移入された自然主義文学が如何に変容されたかの究明こそが不可欠なのであるが、それは扱われることはなかった。その意味では、中村、小林両者に対して「ネガティブな評価によって価値づけられてきた私小説の存在性を、日本の近代小説の何らかの独自性として再確認しえなかった」[26]とする石坂の批判は当たっている。

そこでは、私小説は、日本の近代小説一般と同様、ヨーロッパからの輸入品とみなされるが、それが移入時に「日本的変容としてなったスタイル」とされる。したがって、ヨーロッパ的「自伝体」の個人小説に似て非なるものである。いずれにせよ、小林の指摘のような近代日本社会の特殊性といった「外的要因」の影響があったにせよ、小林が容易に切り捨てた「主観的要因」にも起因するところがあったと考えられる[27]。

だが、むしろ問題は「日本人の気質」一般のような曖昧模糊とした概念への依存ではなく、西欧的「自然主義」の移入が、日本的「自然」概念といった土壌の上で如何に変容させられたか、そして、そのことが日本的「私小説」の成立と如何に関わっているかの究明にほかならない。この点では、「花袋の『自然』概念がヨーロッパからの影響に依拠していたことはきわめて明白であるが、にもかかわらず彼の概念理解が、ヨーロッパ自然主義の土台をなしていた概念理解からずれていたことも、また同様に明らかである」(28)とするイルメラの問題提起の仕方に習うべきであろう。というのも、そこでは西欧的自然主義の基となった合理主義的自然観は日本の非合理的、宿命論的自然観に置き換えられてしまったからである。

花袋はヨーロッパ的「自然」を自然科学的背景をもつもの（「自然主義とか云ふ立派なもの」）として、自らの「自然派」と区別しつつ、「本能の力は、自然の力である」（「小説作法」）として、本能＝欲望の結びつきから「露骨なる描写」中の「何事も露骨でなければならん、何事も真相でなければならん、何事も自然でなければならん」とする「自然」理解へと進む。それが自然主義的「客観性」を「自己暴露」へと転換させる転轍機にほかならない。その装置は日本の批評家、作家のみならず、一般の読者にも内蔵されたものである。そこでは、私小説の作者も読者も、事実への忠実さを「誠実さ」といった徳目として価値づけてしまい、そこから自然主義を果敢なる「自己暴露」として理解していた。

すでに触れてきたように、西欧的「自然科学」を前提とした「自然」概念が、「自然」という「客観」を超越的に対象化する視点としての「主観」と二元論的に設定されるのに対して、日本的「自然」とは、当の主観をも巻き込んだ眼前に広がる経験的世界そのものを指している。したがって、それは主体自身がその拘束からのがれることのできない「宿命的」で「非合理的」な存在として立ち現れる。それゆえ、この宿命的かつ非合理的な自然をあるがままに、「事実性」において暴露することが私小説に対する期待とされる。「『事実性 Faktizitat』とは、日本の読者の視点から見て想定される、文学作品と実際の現実との関係を言う。それは、『作品は、作家が経験した現実を直接再現している』

との想定を表現している」[29]。それは、あくまで「想定」なのであって、実際に作品の内容と現実とがイコールでありうることは現実にはほとんど不可能でしかなく、むしろ「作家＝作品」という読者側の「想定」が存在するということが問題なのである。「すなわち、作家が特定のテクスト信号によりそれとわかるようなかたちで作品の『現実依拠性』を示し、それに対して読者があらかじめ信頼を置いていることを言う」[30]のである。この、いわば「読者」の側の「読みのパラダイム」への注目は鈴木のいう「読みのモード」としての「私小説」の定義とも結びつく。「…読者が当のテクストの作中人物と語り手と作者の同一性を期待し信じることが、そのテクストを究極的に私小説にする。私小説はひとつの読みのモードとして定義するのが最も妥当である。それは、私小説とは単一の声による作者の『自己』の『直接的』表現であり、そこに書かれた言葉は『透明』であると想定する、読みのモードである」[31]。

（c）視点と個人主義

ところで、一八八〇年代以降、キリスト教に入信した花袋、藤村、独歩、透谷などと私小説の登場との関連は、私小説における視点と（作家ないし登場人物としての）自己意識のあり方にとって、考慮しなければならない問題を孕んでいる。それは、単にキリスト教の直接的影響というより、より一般的に、「むしろ、西洋の『文学』は総体として、告白という制度によって形成されてきたのであり、キリスト教をとろうととるまいと、『文学』に感染するや否やそのなかに組み込まれてしまう」[32]ような位相を含んでいる。このキリスト教的「告白」（「告解」）と近代における「内面」の発見ないし発明に関するフーコーの議論を下敷きとした柄谷の指摘は、さらに「姦淫するなかれ」といった肉体の抑圧から引き出される肉体および肉欲の発見へと拡張される。明治二〇、三〇年代にキリスト教に入信した作家たちの多くが、その後自然主義へと向かっていったゆえんについて、それは、「彼らがみいだした肉体あるいは欲望は、『肉体の抑圧』において存在するものだったからだ」とも指摘している。[33]こうして、柄谷によれば、私小説における「性」の扱いは、それまでの日本文学において扱われてきた「性」（それは極めて「自然」かつ「素朴」な「欲望」と「性」であった）とは全く異質な、抑圧によって存在させられた「性」であり、そのことが私小説、とりわけ「蒲団」のセンセーショナル性を生み出した要因とされる。

　こうした議論を引き受ける形で、鈴木もまたキリスト教と「内面」の問題について、それが日本的な「場」と視点の内在によって規定された宿命論的傾向を相対化しうるような文学観を生み出した点を評価する。それは普遍的真理と文学的価値の強調を通じて、「現実というものの見方をも形作り、とりわけ内部の自己と精神の自由の価値とを強調したことによって、現実の社会的歴史的制約を観念的に超越することを可能にしたのである」。[34]

　だが、こうした現実の超越を可能にするとされる「内面」の発見と「内なる声」の表出とがヨーロッパの文学のみならず、日本の私小説の核心をも支えるものであるにしても、その両者における表現方法および「超越」の方向は大きく異なっている。鈴木もまたその点を認めた上で、その違いについて、伊藤整の『小説の方法』の議論を活用しつつ、こう指摘している。つまり、伊藤が主張するように、作者である「私」「自我」がどうあるかの問題は、日本の私小説のみならず、文学そのものにとって普遍的なテーマである。だが、そのテーマのために作家が自らの「内なる声」をいかに表現するかについては、ヨーロッパと日本とでは対照的な方法が採られる。「ヨーロッパの小説家の場合、自らの『内なる声』の『純粋なるもの』を抽出し探索するのに『仮面』としての『虚構』が必要とされる。彼らは誠実に告白しようとすればするほど、いっそうフィクションのなかに身を隠す。これと対照的に日本の作家は『抽出以前の自然なるもののままにそれ〔自我〕を投げ出さざるを得なかった』とされる」[35]。そこから、ヨーロッパの小説家＝「仮面紳士」、日本の私小説作家＝〔通常の生活世界からはぐれた〕「逃亡奴隷」といった伊藤の規定がなされることになる。それは、小林秀雄による、私小説における「社会化された自己」の不在といった指摘に対応する主張でもある。

「仮面紳士」たるヨーロッパの作家は、自己の「内なる声」を表明するに当たっても、当の自己自身を「主語」として、言表化し、客観化せざるを得ない。それは生の、経験的現実としての自己とは異なる言説の地平上において自らを概念化＝虚構化することを意味する。すべては、したがって現実＝リアリティもまた、このフィクションとして言説的に構成された世界の中で完結されるほかないのである。これに対して、日本の私小説作家の場合、自己の「内なる声」とは、まさに概念的に抽象される以前の欲望や感情と目されており、それを直接的に、経験的現実におけるあるがままの状態〔＝事実性〕で描出するところに「リアリティ」＝本当らしさが成り立つとみなされる[36]。そして、そのようなリアリティを支える機制として、日本語およびその深部におけるメトニミー的認知構造が潜在しているのである。すでに見てきたように、作品が「一人称」的か「三人称」的かではなく、まさに語りの「視点」の問題がそこに関わっている。

「一人称形式と三人称形式の対立が日本ではさして重要ではないのは、ある文章の主語――しかもこれはしばしば書かれずに済まされている――の文法上の人称、性、数が、その文章の文法的諸形式に対してなんら影響を及ぼさないからである。そのかわりに辞書的＝文法的諸形式を規定するのはお互いの人間関係の在り方である――そして、こうした人間関係もまた、語りの視点によって決まるのである」(37)。

日本語の人称が、印欧語の一、二、三人称とは異なった枠組みを持つものであることはすでに触れてきた。それは「ウチ／ソト」人称と称されうるものであり、それこそが「人間関係の在り方」を構成しており、またそれは「ウチ」に埋没した視点によって規定されるものであった。だから、イルメラが指摘するように、「理想型としての私小説の一人称の語り手は、描かれた領域の内部にのみ立っており、読者が知っている以上のことは知らない。したがって、出来事の外側に語りの視点を根ざすこと、たとえば枠物語形式による回想などは考えられない…」(38)ことになる。そして、この私小説を成立させる固有の視点、すなわち〔実在する〕作家＝〔「話し手」である〕作者＝主人公とが融合した視点の主体をイルメラは、すでに見てきた「事実性」とともに私小説の二つの構成要因とみなし、「焦点人物」と名づける。それは私小説に固有の「テクスト構成組織」とみなされる。

以上のように、私小説の視点を廻る展開は、日本語およびその深部の認知構造のメトニミー性に深く規定されていることを証明するものであり、対照的に、「仮面紳士」として、あくまで概念化され、言説化された地平でのみ語り手の「内なる声」を対象化するしかない印欧語圏の小説の視点は、その深部の認知構造におけるメタファー性に深く規定されていることになる。「仮面紳士」の「視点」が現実を文字通り「超越」するものとすれば、「逃亡奴隷」の「視点」は現実からの「逸脱」であり、「視点」の（上方への超越ではなく）「横滑り」にほかならない。したがって、私小説における「超越的視点」や「社会化された自我」の不在を指摘することはそれ自体としては正しいが、その不在ゆえの貶価は印欧語中心主義から派生する論難でしかない(39)。

むしろ、日本的自我の在り方と私小説的視点との関連を解くことこそが求められているのである。この点、小林の「社会化された自我」不在論のヨーロッパ中心主義を批判する石坂の主張のほうが的確である。ヨーロッパでは主体は個人的に統一された人格として一貫した信念、価値観の所有者とされるが、日本における主体は（「ウチ」なる）「場」に埋め込まれ、その「場」の転換や推移と共にその位置づけ＝アイデンティティもまた流動的であることが要請される。つまり、「日本人には最初から『自我』ないし『人格』の一貫性などありはしないのである。『場』を強調、力説する日本人の意識には、ホンネとタテマエが存在するように、つねに『場』の移動によってそれが使い分けられる(40)」。

いわば「ウチ」なる「場」を自らと自らの視点の「居場所」として、「ソト」なる世界を「ウチ」なるなじみのある事象に見立てて、認識し、描出するというのが、メトニミー的に構造化された日本人の「自我の在り方」なのであり、「自我」はその「ウチ」と融合し、「ウチ」の中に位置づけられ、「ウチ」の動きとともに推移する存在なのである。だから、一般人がそのような自我と視点を持ち合わせているように、私小説作家もまた自らの「ウチ」＝文壇に規定された「逃亡奴隷」の視点の持ち主ということになる。

伊藤によれば、日本の私小説は、作家たちにとっての「ウチ」である「文壇」の中から生み出されたものである。そこでは作家たちは自らを通常の社会生活からはじかれた特殊な意識や性向を持った反社会的、反俗物主義的な集団、すなわち「逃亡奴隷」と規定していた(41)。伊藤のいう「逃亡奴隷」という私小説作家の視点は、日本語の深部にあってこれを認知論的に規定しているメトニミー性が「文壇」といった「ウチ」の場において作動する際の視点にほかならない。

3　私小説のコード

(a)　読者論

イルメラは、私小説を「事実性」と「焦点人物」といった二つの要素からなるものと特徴づけた。「事実性」とは、作品世界と現実世界との連続的、相互浸透的な関係を指し、いわば経験的現実と言説世界との「融合」ないし「混同」によって成り立つ。そのことは、次に(実在の)「作家」と、(話し手としての)「作者」そして(作品世界の)「主人公」との重なり合い、ないし「混同」として成立する「焦点人物」を帰結することになる。だが、そうした「混同」は一体どこで、どのように実現されるのであろうか。イルメラは、私小説が完結する場所こそ「読者」という位相であるという。ただし、そこでの「混同」ないし「融合」は極めて情緒的なものとなるほかない。「私小説は、読者と一人称の語り手との完全な一体化を目指している。読者はまさに登場人物のなかへと入りこんでゆき、その眼を通して世界を認識する。しかしこうした自己移入は、合理的要素を大幅に排斥したうえで情緒的に行われてゆくため、そこに成立する共通気分の感覚は、およそ知的な思考のいっさいを拒絶したものとなってしまう(42)」。

そして、「読者」という場における「私小説」の諸要素の実現といった発想は、鈴木の「読みのモードとしての私小説」という定義にも通じる。「読者が当のテクストの作中人物と語り手と作者の同一性を期待し信じることが、そのテクストを究極的に私小説にする(43)」のである。その上で、「内面」の発見というキリスト教を介した普遍的要因に基づく自我観念の成立とは別に、私小説的な「真の自己」なる観念の出所を大正デモクラシーの運動に結びつけることができる。それは、一八九〇年代に表面化してきた「近代的個人」と「自己」への関心が、大正の中期以降、一九二〇年代の大正デモクラシーにおける自由主義的運動を通じて広範に社会に浸透してゆく時代であった(44)。

ここで、「近代的な個人」と呼ばれるものは、大正デモクラシーを契機に広範に普及した観念ではあっても、決してヨーロッパ的な「個人」ではない。ヨーロッパ的「個人」が、「仮面紳士」としてフィクショナルにしか語られえないのに対して、日本的「個人」はまさに「真の自己」、（仮面ではなく）素顔の自己として、したがって語り手自身の直接的な反映として語られうる自己が目指されることになる。「個人」への関心が私小説といった形を帰結したところに、日本的言説を深部において規定するメトニミー的認知構造の存在を伺うことができよう。

（b）感情性

私小説における作家、作者、主人公間の重層性と、そこにおける「視点」の共有性に関する読者の暗黙の「想定」は、同時に読者による作家、作者、主人公への「同一化」を促進するものであった。だが、こうした自他の癒合を喚起する要因とは、知的、理性的なものではなく（それらは自他の峻別を促進するから）、情緒的な要因にほかならない。作品の「事実性」ないし「本当らしさ」を保証するのは読者の「想定」であるが、それを補強するのは主人公への「同一化」の強度であり、そうした自他を癒着させる機能はそもそも情緒性に孕まれている。そして、情緒性は私小説的言説に浸透している経験的現実、生の現実の臨場感を生み出し、「本当らしさ」を補強する。

読者が自らを一体化させる「この人物の体験のありようは情緒的であり、認識にもとづく把握は妨害要素と見なされる。なぜならそのような認識による把握は、『ほんとうらしさ』にとって、またそれゆえ私小説の質にとって決定的に重要である直接性の印象を破壊してしまうからである。世界に対するエモーショナルな関係には、センチメンタルな基調が呼応している」(45)のである。

（c）連続性

さらに、作家、作者、主人公への読者の情緒的一体化は、前者の想定された経験的現実と、後者、すなわち読者の経験的現実との連続性の感覚を生み出すことになる。イルメラの言うように、私小説が一般読者に容易に受け入れられたのは、そこに読者の生活世界と重なり合う私的世界を見出すことができたからであった。「一人称の語り手の抱える問題はどれもきわめて一般的性格のものばかりであるため、実際にはどんな読者もそこに自分自身の存在とのつながりを見出すことができる」[46]のである。

こうして、読者は、自らの身近な「ウチ」世界の経験を、私小説の主人公の経験と重ね合わせることによって、その主人公と同一化された作家や作者自身の実生活という「ソト」世界の経験と連続的なものとして感じ取る（＝「ウチ」化する）ことになる。「それが可能となるのは、選ばれた現実の切片が一人称の語り手の直接の生活世界に限られており、またそれが彼の知覚する場面全体をおよそカバーしていることによっている」[47]。つまり、語り手自身の視点が、語り手＝主人公の私的状況に埋め込まれており、その視点を共有することによって、語り手の状況は容易に読者の状況へと重なり合うことを可能にする。作者と読者に共通した視点の「内在性」とそれが埋め込まれる生活世界の狭隘さとが、こうした連続性を生み出すコンテクストをなす。

（d）文化的コード

だが、この作家と読者それぞれの生活世界を結びつける連続性の感覚は、さらに広範に、文学的世界を超えて日本文化の「伝統」との連続性へと広がるものである。私小説文学と日本の伝統的な日記文学との連続性についてはこれまでも多くの指摘がなされてきている。だが、こうした「文化的なコードの連続性」こそが、日本文化の固有の「伝統」をなしてきたのだとするならば、問われるべきは「文化的な全体コード」であり、あらゆる文化的ジャンルの形成の基層に潜む認知と表現と実践の原理にほかならない。[48]

同様の指摘は石坂のうちに見出すことができる。私小説の問題は、その意味では個々の作家や作品を超えたものであり、こうした「私小説的現象」のゆえんこそが問われるべきものなのである。そして、そのためには、「それと有機的に結びついていたと思われる日本的風土や文化の総体を視野に入れて考えねばならない。私小説の『理論』とは、そのような意味で包括的、体系的なものとして提示されねばならなかったように思われる」[49]と。そして、こうした包括的なコードの核心にある発想こそ、視点の「ウチ」への内在によって規定された思惟様式であるとされる。「それはいわゆる日本人のメンタリティにかかわる問題、すなわち、体系的、超越的原理へむかわぬ日本人独特の思惟様式」[50]であり、しかしながら、そうした思惟様式をその深部において規定しているメトニミー的認知構造こそが、イルメラや石坂の言う「包括的、全体的な文化コード」を支えている統一的な原理であることは、さらに明確になったであろう。

確かに、鈴木も指摘するように[51]、日本的文化の「伝統」へと依拠した説明は、当のテクスト自体がそうした「伝統」の一部をなすことを前提とするなら、一種の循環論的な説明ということになる。だが、同時に、「読者が当のテクストの作中人物と語り手と作者の同一性を期待し信じることが、そのテクストを究極的に私小説にする。私小説とはひとつの読みのモードとして定義するのが最も妥当である」[52]とする鈴木の提言は、私小説を実現する要因が、単なる文学世界のみならず、読者とその生活世界をも包括した精神構造に支えられていることを指示するものであり、それは広範な日本的文化の存在と、その歴史的継承を踏まえて初めて成り立つと言わねばならない。それゆえ、ここではやはり、(「伝統」といった概念を使用するか否かは別として)私小説のテクストの実現を可能にする、より広範かつ継続的なコードとその原理の解明が求められることになる。日本語ならびに日本文化に固有のそうした原理として、メトニミー的認知構造を提示する意味もここにある。

第五章　造形のコード

日本語の特性とその基層に潜むメトニミー的認知構造が、日本固有の「私小説」文学のあり方を規定することを見てきた。だが、そこで問題とされた日本文化全般に渡る「全体的コード」として、このメトニミー構造を想定するためには、それが文学以外の多様な日本文化全般を規定するものであることを立証しなければならない。ここでは文学を含む様々な有形、無形の文化を対象として、「全体的コード」の所在を究明する。その際、まずは、日本語固有の「身体性」（コンテクスト依存性や具象性好みを含む）の特徴を主として形象的文化のうちに探索し、ついで、メトニミー構造をそれらの基層に求めることにする。

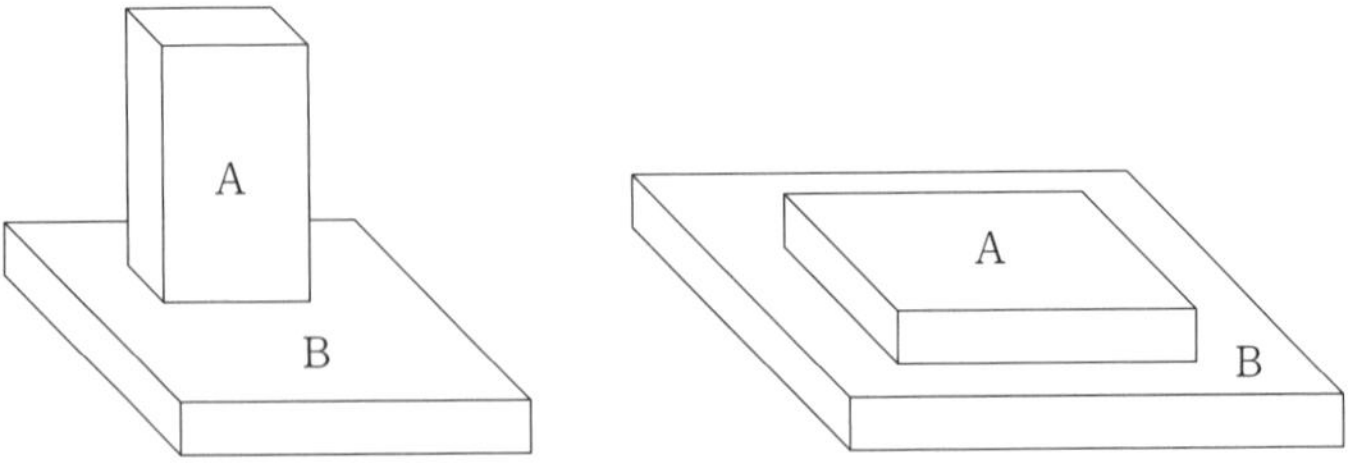

突出　　平添

図―し

1　日本的形象と身体性

(a) コンテクスト依存性

日本語の特質とされた「コンテクスト依存性」と、印欧語の「コンテクスト自立性」との対比に対応した形象文化の対比モデルとしては、外村直彦が提起する「平添構造」と「突出構造」といったモデルがほぼ該当すると考えられる。外村は造型の構造を以下のように図示（**図―し**）しつつ、こう解説している。

「つまり、一定の造形を図の板Aとして、造形Aには、それが他のものBに対して、突ク、突キ出ス、突キ入レル、貫ク、という関係にある場合と、添ウ、平行スル、という関係にある場合との、二種があるということである。…前者を『突ク構造』ないし『突出構造』、後者を『添ウ構造』ないし『平添構造』とよんでおこう」[1]。

外村はそうした造形の構造の典型をヨーロッパの中世都市の面影と、日本のそれとの対比のうちに見出せるとして、ドイツ中央部の小都市、ネルトリンゲンと、奈良県の今井町の町並みを紹介している。前者については、直径七、八〇〇百メートルにわたる円形の都市プランによって構成されており、中央には聖ゲオルグ教会と市役所の高い尖塔がそびえ立つ。その中心から放射線状に伸びた道路が、町を囲む城壁に向かう。つまり、町全体が同心円上に広がりつつ、中央が天に向かって垂直に突き出していることになる。また、町の住宅や商店の屋根は勾配が急で、縦長の壁面を持つ「妻入り」が中心となっており、縦長の窓や屋根から突き出す煙突など、これまた垂直の構造をなしている。他にも、寺院の塔や町の外壁の城門にそびえる円塔、角塔など、町並み全体が垂直感にあふれたものとなっている。(2) こうして、ネルトリンゲンの町を構成する様々な造形のほとんどが彼の言う「突出構造」をなしている。

これに対して、日本の中世都市の面影を残しているとされる今井町では、東西六〇〇メートル、南北三〇〇メートルの長方形の町域の中に、東西五本、南北九本の通りが町を格子上に分割する形で走っている。また、家屋の屋根は、棟と平行に走る家屋側面に入り口がついた「平入り」となっていて、棟木と軒の横の流れが前面に出る形となっている。壁面には横長の格子がはめ込まれ、均一の高さの屋根が隣接し、町並み全体が大地と平行に「添う」構造をなしている。(3) これが彼のいう「平添構造」の町並みということになる。

ネルトリンゲンと同様の構造は、パリのヴェルサイユ宮殿、ウィーンのシェーンブルン宮殿その他のヨーロッパ各地に見られ、花壇、道路、柱、窓、天井、調度品、壁面装飾などにも同様の構造が溢れている。また、今井町と同様の構造は、倉敷、矢掛、津和野などに見られ、京都御所や桂離宮の門、

突出構造．イギリス，ピーブルズの町並み．出典：井上裕・井上浩子著『ヨーロッパの町と村』（グラフィック社／2006年発行），139頁より．撮影：井上裕・浩子．
©Yutaka & Hiroko Inoue 2009

平添構造．奈良県橿原市今井町．出典：「都市景観の日」実行委員会編，（財）都市づくりパブリックデザインセンター監修『日本の都市景観 100 選』（㈱建築資料研究所／2001 年発行），152 頁より．

土塀、生垣、障子、襖、縁、柱、天井などの造形のうちに溢れている。外村はこうした造形構造を、音楽、舞踏、絵画、衣服、印章、文様などといった多用な形象のうちに見出しうるとして、豊富な事例をあげている。

（b）「突く」と「添う」

だが、こうした「平添構造」と「突出構造」には、それ以外の造形上の様々な特徴も付随している。そこにはそれぞれの造形構造を中心とした文化のより広範な特性を見出すことができる。ちなみに、すでに触れてきた日本語と印欧語における「コンテクスト＝場依存」と「コンテクスト＝場自立」といった特徴は、それぞれ「平添構造」と「突出構造」に対応していると考えられる。また、そうした特徴は、デザインの好みのうちにも反映されている。幾何学的な模様や、対称図形は、ヨーロッパ、イスラム、中国文化では主流となっている。それは明らかに自然の形から逸脱した「人工」「人為」的なデザインであり、自然に対抗する強力な自意識の産物にほかならない。これに対して、日本のデザインには、「霞形」や「雲形」「雁行」などの自然を具象化したものが好まれる。いわば、自然のコンテクストに「添う」意識の産物といえよう(4)。そして、すでに触れてきたように、豊富な擬音語、擬態語の類は、自然の具象への好みを示すと同時に、それは「部分」（音声や感覚）によって「全体」（その実体）を意味するメトニミー的原理の言語的展開にほかならなかった。

さらに、こうした日本的発想としての「見立て」（メトニミー）を指摘していた鶴見も挙げていた、

「小さきもの」への嗜好なども、具象性とともに、こうした身近な生活感覚の場（ウチ）への引き込みの性向を表わすものといえる。「日本の造形には、ひとに親近の感情をいだかせる小さなものが多く、ひとを威圧するような巨大なものはすくない。陶磁器、漆器、染織、生花、盆栽など、いずれもきめのこまかい、濃密な、小さな造形を特色として、まじかに近より、手にふれて鑑賞されるものばかりである」(5)。この近（⇕遠）、小（⇕大）、少（⇕多）といった特徴は、具象（⇕抽象）と相俟って、日本語の「触覚的」（⇕「視覚的」）な特徴とも対応するといえる。いずれも、日本語のみならず、日本の形象文化の「身体性」の顕現ということができる。

外村は、こうした一連の諸特徴の間の関連付けを試みている。「添う」が身近な具象に添うという点で、近、小、少の様式に関連付けられ、親和的であるのに対して、「突く」が具象を突き抜け、遠方へと突き進むという点で、遠、大、多の様式に関連付けられ、親和性を持っている。「こうして、一方に『平添系―具象―近―小―少』の様式世界と、他方に『突出系―抽象―遠―大―多』の様式世界とが対峙することになる」(6)。

そして、ドイツのネルトリンゲンと、奈良の今井町との町並みの比較において垂直―水平といった「平添」と「突出」に対応する特徴とともに目に付いた、窓や外壁装飾の「円形」（ヨーロッパ）―「方形」（日本）の対比については、円は天を象り、方形は地を象るという中国の教えにもあるように、天体、天空、星雲、虹といった天に属するものの形は円形が中心となっていて、地に属する形としては、田畑、家屋、部屋、机など、方形が中心となっている。そして、前者は天を舞台に運動しており、後者は大地に張り付き、静止している。[7] いわば、「動的」と「静的」といった対比を軸とした関連付けを試みているわけであるが、これも、日本語と印欧語の「出来事指向＝なる型」と「動作主指向＝する型」を提示した池上の対比と重なる指摘といえる。

このように、外村の造形様式のモデル化と、様々な文化的諸特性との関連付けは、日本語と印欧語に関する言語的諸特性の抽出と対比の試みにそれぞれ対応したものとなっている。だが、外村の場合は、こうした対比を「純粋に幾何学的、つまり、厳密な意味で構造的」に行おうとする限りは「観察者」の視点を前提にしてしまっており、言語的対比における大きな特徴となっていた「話し手」の「視点」のような問題を扱い損ねていると言わざるをえない。

（c）造形空間と視点

ところで、視点の「場所」への内在＝「ウチ」の視点に基づく言語表現の特質は、実は、日本文化のあらゆる局面においても見て取れる。ちなみに、ベルクによる日本文化の「空間」性を手がかりとした分析では、この点が自覚的に明示されている。ベルクによれば、ベルサイユやカールスルーエなどフランスのバロック時代の都市計画の萌芽は、すでにローマ帝国の凱旋門と街道の様式のうちに見出せるものである。その中心となる大通りは一つの焦点に向けて収斂されており、この中心へと向かう直線的に引かれた人為的、合理的な設計こそ、欧米の都市空間の特質と考えられる。これに対して、日本の街道には曲がり道、筋違い、行き止まりが溢れ、外見的には無秩序な空間の広がりが目立つ。

それはフーリエがアメリカの都市を形容した「概念空間」とは対極的な「さまざまな偶然に委ねられた生活空間」[8]と形容される。そして、この城下町の街道に見られる空間の論理は、その平面的表現である「古地図」にも反映されている。そこでは一人の閲覧者の視点はまったく無視されてしまい、記号と建物の記入方向がランダムで、地図を回転させながら見るほかない。ここには、日本建築や都市計画にも当てはまる「鳥瞰的視点」の不在が示される。空間は主体が移動するその都度の体験と共にあり、生活者の視点から切り開かれるものとして表示される。「これはまさにその場に居あわせた人間の偶然的空間で、唯一つの先験的視線によって全体を統合しながら、その場を抽象的に観察する者の空間ではない」[9]。このことはさらに都市の所番地の組織のランダム性のうちにも見られる論理であって、都市やその地図を眺望する観察者の視線からではなく、その平面（＝場所）上に生きる居住者の場所に内在した視点からそれらは構成されているのである。

ベルクが指示するこうした日本的空間形象の特質は、欧米の建築物の垂直方向（および「遠」「大」の性向に規定された「広大さ」）への志向性と対極的な、「奥行き」への志向性において最も顕著に表明されている。これは村域の中心をなす神社の背後の曲がりくねった道の果てに控える「奥宮」や、旅館の奥へと導かれる曲がりくねった迷路のような廊下などの空間である。それらは外部の観察者の視線からすれば、単なる偶然性であったり、無秩序でしかない。だが、そうではないことを知るためには、「それが一つの内側であることを理解しなくてはならない。そして、この内側が、いっさいの外的規準点とは無関係に有機的に自己増殖していくことを理解しなくてはならない」[10]。こうした徹底した視点の「ウチ」化、状況への内在化を「縮み志向」と名づけたのは李御寧であるが、彼は「ソト」のものを「ウチ」へと引き込み、包み込む作用を「縮み志向」とし、縮景としての石庭や借景、扇の意匠などのうちにこうした志向性を見出せるとする。「ここから日本特有の『内』と『外』の観念が作られるのです。『内』とは縮みの空間で、自分がよくわかる具象的な世界。経験し、肌身に感じられる小さな世界なのです。それに対して『外』は拡がりの世界で、抽象的な広い空間です」[11]。それゆえ、この「ウチ」の経験的世界は（理性的に対する）感性的、（抽象的に対する）具象的な「実感信仰」の世界にほかならない。また、こうした視点の内在に起因する日本文化の造形様式の特徴は、外村直彦が「添う文化」と「突く文化」の対比として克明に挙げた諸事例（前者の「へら」「包丁」「ナイフ」「日本刀」「箸」「ヨコ笛」「着物」「帯」などと、後者の「針」「串」「矢」「槍」「突剣」「フォーク」「タテ笛」「丸首シャツ」「筒袖」「ズボン」など）、そして前者に対応した「水平」志向（塔の欠如、平入り建築、畳）と後者に対応した「垂直」志向（塔、妻入り建築、椅子）、あるいはこれらから派生する、抽象／具象、遠／近、大／小、多／少といった一連の造形上の対比もまた、外村の議論には欠けている「視点」の「ウチ」「ソト」、内在と超越の点から根拠付けられることになる[12]。

2　日本文化とメトニミー

（a）言説のコード

そこで、こうした日本文化へのメトニミー的原理の浸透を取り上げることにするが、実は、その作業はすでに卓越した日本文化論者である李御寧によって、その「〝縮み〟志向の日本人」において提示されている。つまり、李氏が「縮み志向」と名づけた思惟構造ないし志向性は本論で展開してきた「メトニミー」的思惟構造にほかならないのである。その点を確認しながら、ここでは李氏の論述に準拠して、解説を試みることにしたい。

まず、文章に表れた思惟構造の典型として李氏が取り上げるのが、石川啄木の短歌である。

「東海の小島の磯の白砂に
われ泣きぬれて
蟹とたわむる」

李氏の指摘を待つまでもなく、ここに描かれた情景は広大な「東海」から、それを縮めた「小島」へ、さらに「小島」から「磯」へ、「磯」から「白砂」へ、「白砂」から「蟹」へ、そしてついにはその蟹と戯れる「われ」の流す一滴の「涙」へと凝縮される構造を示していることが分かる。氏によれば、「だから、啄木の詩的本質をなすものは、表層的意味としてあらわされた涙とか蟹とたわむれる心ではなく、『東海』を『蟹』と涙一滴にまで縮めていく、その縮み志向とその意識構造に求めるべき(13)」ということになる。だが、この所有格助詞「の」の反復的活用は確かに個々の単語の意味や、文章表現としてあらわな情緒内容とは別次元の「構文上の特性」であり、李氏が言う「意識の文法」であるとするなら、なおさらにそれは「縮み志向」といった意識的志向性の内容や趨勢というよりは、そうした志向性を帰結するような「構文」や「文法」の深層に備わる機制のうちに求められるべきであろう。改めて啄木の詩に注目してみるなら、そこでの作者の視点は蟹と戯れ、泣きぬれる「われ」にある。そして、その「われ」の視点は「東海」から「小島」「磯」「白砂」へとそれぞれに内在しつつ、「われ」に向けて連続的に「内向」することに注目したい。結果として、それは「東海」といった「大景観」を涙一滴の「小現象」へと「縮小」することになるが、それはあくまで「東海」を「小島」へ、「小島」を「磯」へ、「磯」を「白砂」へ、「白砂」を「蟹」へ、「蟹」を「涙」へという具合に、次々と「全体」を「部分」へと連続的に代表させる典型的なメトニミーの論理の結果にほかならない。「全体」と「部分」のメトニミー（ないし「類」と「種」のシネクドキー）の特徴である、視点の「内在」および「連続性」は啄木の詩に最も典型的な形で表明されている。そして、こうした外的「全体」の内的「部分」への「取り込み」＝「内化」の志向性こそが、李氏の言う表層的な「縮み志向」の背後に潜む深層的な「意識の文法」と考えられる。

同時に氏が指摘する天智天皇の詩とされる

「秋の田のかりほのいほのとまをあらみ　わがころもでは露に濡れつつ」

における「田」から「かりほ」、「いほ」、そして「露」へと内向する視点とメトニミー的論理の連続は、啄木の「東海」から「小島」、「磯」、「白砂」そして「涙」へのメトニミー的連鎖と相同的な構造をなしている[14]し、「古事記」の雄略天皇の記事にある、三重の郡出身の采女が、新嘗の酒宴の席で、天皇にご酒杯を捧げ献った際に、檜の落ち葉がその杯に浮かんでいるのを見過ごして、天皇に太刀を

もって切り殺されようとする刹那に歌った歌の部分

「新嘗屋に　生ひ立てる　百足る　槻が枝は　上枝は　天を覆へり　中つ枝は　東を覆へり　下枝は　鄙を覆へり　上枝の　枝の末葉は　中つ枝に　落ち触らばへ　中つ枝の　枝の末葉は　下つ枝に　落ち触らばへ　下つ枝の　枝の末葉は　あり衣の　三重の子が　指挙せる　瑞玉盞に　浮きし脂　落ちなづさひ」（今、雄略天皇が新嘗を召し上がるこの御殿に生い立っている、繁茂した槻の枝は、上の枝は天を覆い、中の枝は東国を覆い、下の枝は西国の辺地を覆っています。その上の枝先の葉は、中の枝に散り落ち触れ合い、その中の枝の枝先の葉は下の枝に散り落ち触れ合い、その下の枝の葉は、三重の采女の捧げている立派な酒杯に浮いた脂のように浸り漂い…）でも、それぞれ天、東国、西国を代表する上・中・下の欅の枝が、順次上から下へとその枝先の葉を触れ落としつつ、最後に酒杯の中へと浮き漂う情景が、天を覆い、東国を覆い、西国を覆う天皇の威信を象徴する枝葉の動きをレトリカルに描出するものとして採用されている。ここでも、この上・中・下の連続した運動はそれぞれの「部分」が代表する「全体」になぞらえられたメトニミーの論理によって統括されていることが分かる。このように、古代の詩歌に見られるイメージや意味／音の連合といった特徴の多くは口承性に起因するとされているが、そこに見られる「近接性」や「類縁性」がメトニミー的論理に添うものであることは明らかである。(15)

（b）造形のコード

ところで、繰り返し説明してきたように、このレトリックの論理は言語的に表現されうるものの、実は言語ないし概念以前の身体的な思惟を基礎づける論理であるがゆえに、それは言語的表現を超えた領域においても自らの論理ないし思惟を貫徹することになる。ちなみに、上記の「全体」―「部分」のメトニミー的論理は（李氏では「縮み志向」となるが）入籠箱、入籠鍋、入籠鉢、入籠竿、入籠船といった諸種の「入籠文化」の作品において表明されている。

そうした造形美の一つの典型が石庭＝枯山水という「縮景」である。その代表的な一つに龍安寺の石庭がある。それを「まるで異星人を歓迎するためにつくられたような、いい知れぬ宇宙性[16]」と称したのは荒俣宏であるが、それは、そもそも今日のような「虎子渡」として知られる純粋な枯山水として作庭されたわけではなく、江戸時代以前にはむしろ枝垂桜（糸桜）で名を知られた庭であった。室町時代に作られた段階では、庭の大半を占めた桜の巨木が中心となって、敷かれた砂や添えられた石はそれに付随するものであったと考えられている。室町時代の作庭の精神としてはそのほうが通常であった。それが、自然と桜が枯れ失せ、石だけが残り、それをよしとする桃山時代の茶の湯の精神とうまく適合した結果、今に伝えられる石庭が日本らしい感性の発露として評価されるようになったと考えられる[17]。「徹底して人工的」（荒俣宏）とされる「抽象」が、人為的になされたのではなく、自然によって、たまたまそうした結果を生み出したと考えられるなら、それこそ極めて「日本的」な現象なのではあるまいか。

平安時代に編纂された橘俊綱の「作庭記」において、日本庭園の基本である「築山泉水庭」が初めて成立したとされるが、それは後世の素材の推移とは別に、海、山、川などの大自然の風景を縮めて、

「己の膝下に」置く意思だけはとうとうと引き継がれてきたことになる。李氏はここではこうした「縮景」の論理を単なる「縮み志向」としてではなく、メトニミーとしても明確に把握している。石庭における「波が打ち寄せる荒磯のイメージを作ることができれば、それを見る人の心に大海を宿すのはそうむずかしくはありません。Aという原因はBという結果をもたらします。この自然の必然を逆手にとって、Bという結果でAという原因をあらわす促喩法を使ったのが日本の庭のレトリックです」[18]。李氏は縮景のうちのレトリックを「大海のイメージ」を結果として生み出す原因としての「石庭」との関係として取り出したわけだが、これを「原因」と「結果」のメトニミー的論理とみなすべきか否かは別として、明らかに「縮み志向」の背後にメトニミー的論理の存在を確認している点に注意しておきたい。

同様の作庭法は「借景」にも見られる。代表は修学院離宮の上御茶屋であり、その浴龍池と称される巨大な人工池から、比叡山が真正面に借景されている。遠隔の景をわが庭に引き込むこの手法は李氏によれば啄木の東海が縮みこんだ蟹と同様の「入籠」の論理とされる[19]が、これもまた比叡山の大自然（全体）を、庭の景観の一部（部分）として、ただし、添え物としてではなく、景観の中心として借り入れるというメトニミー的論理にほかならない。ここには、わが庭の「ウチ」の一部として、「ソト」の景観を（本来不連続であるにもかかわらず）「連続的に」取り入れるといった「ウチ」化の典型的な手法が採用されている。

さらに、こうした日本式庭園の作庭に影響を及ぼしてきた禅宗と茶の湯の伝統から生み出されたのが、茶室や坪庭、そして路地と呼ばれる茶庭などの独特の意匠にほかならない。「市中の山居」と称される街中の屋敷地の一隅に四畳半を定型とした草庵を構え、茶の湯や連歌などの集いをもつことが当時の都市民の習いであった。後になると待合から茶席の入り口までの飛び石の添え方や正客の踏み石の高さ、蹲踞の前石、湯桶石、手燭台の位置など細々と定石が決められるようになる。それはともかく、この路地や坪庭の鑑賞は、自分で小庭を散策しつつ、庭＝自然との一体化の中で茶の湯をたしなむ精神のあり方にほかならない[20]。ベルクの言い方をかりるなら、この小庭は散策者の運動と視線の移動を前提として作庭されており、「肝要なのは風景の変化、交互に見え隠れする景色（隠顕）である。…そこでは建物の諸要素が、決して一度に全体を見渡せないように配置されている[21]」。それは「今ここ」に存在する具象的な手がかりをその瞬間ごとに「場所」として提供するための方策と考えられる。まさに「虫の目」と「場所」との融合から構成された芸能の世界といえる。

そして、この場所に内在する視点からの「広がり」への志向が生み出す意匠が、「奥」ないし「奥行き」空間である。それは路地空間の居室への応用ともいえる。そもそも西欧式の外部から遮断された石造りの住居とは異なり、「座敷を核に、座敷↔縁↔濡縁↔庭と、内から外へと拡散してゆく空間が、静（内）から動（外）へと波動するのが日本の空間であり、厚い煉瓦で囲まれた空間の内側に室がならび、その中心に位置するホールが外界と接触するために、わずかに開けているのがヨーロッパの空間である[22]」。玄関や廊下といった「媒介空間」（宮川英二）を介して、ウチとソトとを「連続」化し、その連続性を内側に引き込むことによって、ウチ空間の広がりを演出しようとするのが「奥」空間にほかならない。和風旅館の廊下の奥行きを「内側の自己増殖」と称したのはベルクである。そうした旅館の廊下は幾重にも折れ曲がり、迂回し、その都度新たな景観が目の前に広がり、しかもそれらが一挙にではなく、あくまで蠢く「虫の目」の進行に合わせて徐々に展開されてゆく。それは「内的な場所発生」[23]と目される。こうした場所に内在した視点とその連続性が生み出す空間は茶室の路地のみならず、回遊式庭園や宿場町の町並み、奥宮に通じる神社の参道など枚挙に暇がない。日本的風土と建築との関係に注目する宮川は、そこには西欧的な「神の目」の視点は欠如しているものの、雑踏と賑わい、沸騰した独自の生活感に溢れた道筋の空間や、移動する身体に寄り添い、連続し、重なり合う「過程空間」(sequence) が存在していたと指摘する。「神社の参道も、回遊式庭園も、過ぎてきた空間の印象が、ある瞬間に眼前の視覚と交接して、一体化し、高揚した緊張に結実するような意図で、空間構成が行われていた」[24]のである。こうした「過程空間」は、そこに内在しつつ、移動する視点からすると、単なる「連続性」のみならず、そのつど変化し、しかし連続する「ひだ」の重なり合いといった面持ちを示す。いわば「奥」空間の意匠は固定的で絶対的な「神の目」と超越的な中心を元にデザインされたヨーロッパ的景観とは対極的な空間性といえる。[25]

(c)「ウチ」化の論理

茶室から日本風庭園、住居、そして町並みへとその空間意匠の特質を中心に見てきたが、ここで改めて茶室周辺の造形文化に目を移しておこう。まず、鎌倉時代から禅宗の影響下に行われてきた盆石および盆栽に注目しておきたい。というのも、この「狭い一枚の盆の中に、奇石に添えて種々の草木を千年の樹齢を保ったごとき姿に育てて植え、大自然の景を写し、一盆の中に宇宙世界を具象、表現した」[26]盆栽を中心に、禅宗をよりどころとした思想下に、小庭園や石庭、枯山水などの作庭が始められたからである。これらのすべてについて、李氏は「縮み志向」の表出とみなす。すなわち「そこでは『石を立つる』形によっていろいろな風景を凝縮させるレトリックを見ましたが、盆栽では樹を『仕立てる』（樹形を作ることをこういいます）ことによって、それと同じイメージを作り出している」[27]とされる。氏によれば、こうした「縮み志向」は、「抽象的な茫漠とした拡がりの志向」とは対極的な具象的思考を生み出す。[28]だが、ここではむしろ、かの龍安寺の石庭に置かれた「虎子渡」の配置に表現されたと同様の、独自の「抽象」について考えてみたい。これはベルクの次のような指摘に基づいている。彼は「盆栽にはこれまで見てきた種々の方式が典型的に集約、要約されている。まず、人工化が行われる。またコード化がある。さらに排除、省略が行われ」、その結果として「抽象」が成立すると指摘する。だが、注意すべきはそれは「決して真の抽象作用ではなく、漸進的形式化にほかならない作用の積み重ねによって、事実上抽象化に他ならない結果に到達するのだ」[29]とされる点である。メトニミー（ないしシネクドキー）の重層の結果としてのメタファーの成立に関する第二章の議論の典型的な実証がここに見られることになる。ベルクもまた直感的にこうした論理に気づいていたと思われる。[30]

同様に、華道についても、李氏の解釈ではそれは自然および宇宙を縮小したものとされる。だが、同時にそれは茶道や香道にも通低する「室内芸能」といった特徴を持ち合わせている点に注目すべきであろう。これら三つの芸能は、そもそも仏前供御に端を発し、いずれも演者と観客との区別を曖昧化した室内芸能として、独自の発展を遂げてきた。いわばソトの世界を「ウチ」化する際に「縮み志向」が生じてくるといえる。この「ウチ」化の論理とは、ウチとは区別された「ソト」（全体）領域をウチと連続的に、したがって同質化することを通じて「ウチ」（部分）へと引き込み、「ウチ」とみなすメトニミーの論理にほかならない。李氏は日本の神観念のうちにこうした特徴を探り当てている。「日本人は自然ばかりでなく、神との関係においても、人間が神に向かっていくのではなく、神を人間の方に引き寄せようとした傾向が強い…。ですから、自分が天に向かって上がっていこうとするそのイメージではなく、神が自分の方に降りてくる天降りのイメージ」[31]が中心となる。神道の場合では、御神体としての山とそれを祭る奥宮があり、それを村近くまで引き込んできた中の宮、さらに村中の里宮、そこに保存された持ち運び可能な神社としての神輿、家の中に引き込んだ神棚から、さらに御神体を身につけるお守りに至る、重畳されたメトニミー的論理＝入籠構造が見られる。

以上、李氏の「縮み志向」をメトニミー的論理として再解釈することによって、日本文化の視点と論理とをより整合的に明示することが可能になる。そして、こうしたレトリック的認知への遡及によって、日本文化の深層に根ざす固有の「身体性」との関わりからその固有性を読み解く開放口を手にすることができる。

Ⅲ　日本社会のコード

第六章　「世間」のコード

日本語、日本文学、形象文化など日本文化の諸相に潜在するメトニミー性に注目してきたが、レトリックが単なる認知の方策であるだけではなく、そのことを通して、人々の社会的実践をも方向付けるものであるとしたら、それは日本「社会」のあり方をも規定することが予想される。そして、日本固有の「社会」のあり方として、「世間」に多くの関心が払われてきた。だが、この「社会」と「世間」の両概念をめぐっては今日に至るまで錯綜がみられる。そこで、この混乱を整理したうえで、「世間」に潜在するメトニミー性の析出を試みる。

1　「世間」問題の位相

（a）問題の錯綜

欧米社会との比較において、日本社会の「特異性」を問う場合に必ずといってよいほど指摘されるのは「社会」と「世間」との異同である。そもそも、明治以降に紹介されたSocietyの訳語を廻って、「世間」「世の中」といったそれまでの慣用句から、新たな「社会」概念の適用にいたる一連の作業のなかで、この「社会」＝欧米型のSociety／「世間」＝日本固有の社会といった対比が問題として定着してきた。

開化当時の先人たちがSociety（Société, Gesellschaft）に対して考案した邦訳のいくつかを挙げると次のようになっている。「仲間」「交わり」「風俗」「民俗」「会社」「仲間会社」「公会」「仲間公会」「社」「世俗」「人間公共」「公社」「世間」「交社」「社交」「交際」「社会」等々。(1)「社会」は漢語から借用された語であり、Societyの訳語として採用した最初は福地源一郎であるとされている。それでも戦前までは「社会」の語は人々にとって身近な用語ではなく、新聞の「社会面」（＝「三面記事」）における「社会」の語義も「世態」「世相」「世俗」に通じるものとみなされていた。では、「社会」に相当する語は日本語にはそもそも不在であったと言ってよいのであろうか。ここで「不在」であったことを認め、その上で改めて「世間」の語との対比に向かっていたなら、今日のような「社会」と「世間」に関する論議の混乱はまだしも防ぐことができていたかもしれない。芳賀が各辞書の検索から導き出した「社会」概念の語釈の傾向は「societyの訳語として出発した『社会』が、構造体、すなわちsystemの概念を明確に含んだ集団の意味から、やがて『世の中』『世間』の意味にも拡張して使われるようになった(2)」という。むろん、「社会」概念導入以前に日本人は「世間」「世の中」といった用語を常用していたのであるから、そもそも「社会」概念を「世間」と横並びのものへと変容せしめたのはまさしく当時の「世間」にほかならない。この点で、阿部もまた、明治一〇年代に導入された（society の訳語としての）「社会」や（individual の訳語としての）「個人」以前には、わが国にはそのような概念は不在であったと指摘する。「…わが国にはそれ以前には、現在のような意味の社会という概念も個人という概念もなかった…では現在の社会に当たる言葉がなかったのかと問えばそうではない。世の中、世、世間という言葉があり、時代によって意味は異なるが、時には現在の社会に近い意味で用いられることもあったのである」(3)と補足している。

だが、ここに大きな誤解と混乱を生み出す種子が隠されている。というのも、続けて阿部が言うように「欧米の社会という言葉は本来個人がつくる社会を意味しており、個人が前提であった。しかしわが国では個人という概念は訳語としてできたものの、その内容は欧米の個人とは似ても似つかないものであった。欧米の意味での個人が生まれていないのに社会という言葉が通用するようになってから、少なくとも文章のうえではあたかも欧米流の社会があるかのような幻想が生まれたのである」(4)。そして、こうした幻想を生み出した責任は知識人やマスコミにあると批判している。いずれにせよ、訳語「社会」と土着語「世間」との異同が関心の焦点となっており、その起点は society の訳語を廻る「社会」と「世間」との並列にあったといえる。

ここで「社会」と「世間」にまつわる問題の混乱の一端はこの両者を同位相で比較しうるとはなから見做してしまった点にある。ちなみに、宮原は次のような提起をしている。

「もちろん、こうして日常化した『社会』は、欧米的な意味での『社会』（society など）と同じ意味で使われているわけではない。さきに引用した『社会学事典』の説明にあるように、日常語の『社会』は『世間』に近い意味で使われている。が、だからといって、『社会』と『世間』はけっして同義語ではない。今の世の中には、『世間』ではしっくりせず、『社会』でなければ言い表せない何かがありそうなのである。それは何なのか」と。(5)

その上で宮原は自らの大学の講義中に行った学生を対象にした（「社会」と「世間」についての）「言語感覚」調査の結果を以下のようにまとめている。(6)

【社会】	【世間】
抽象的	具体的
組織、システム	人づきあい、日常生活
無機質、メカニカル	人間くさい
仕事、会社	暮らし、隣近所、親戚
収入（お金）を得る	世間話（うわさ）をする
高級、高尚	低級、俗っぽい

こうして、「社会」と「世間」の概念内容＝イメージを並立したとき、それがなお「欧米的」社会と「日本的」社会についての対比にほかならないとの思い込みの強さがここには表明されている。そ

うした「思い込み」を払拭して、両概念内容に眼を向けるなら、この対比はいわゆる社会学的な意味での「社会」と「共同体」、すなわち「アソシエーション」(ないし「ソサイエティ」)と「コミュニティ」との対比そのものであることは明らかだからである。いわば、この表において、「アソシエーション」と「コミュニティ」との差異についての感覚を今の大学生はかなり正確に「社会」と「世間」の差異として把握していることが示されているのである。にもかかわらず、これを日欧の「社会」の差異とみなそうとするほどに当の「思い込み」は強いといえよう。そして、その背景にあるのが、society の訳語を廻る明治以来の「社会」と「世間」の同居と並立といった事態であったことを念頭に置く必要がある。それほどに、この概念間の錯綜の歴史は長く深いと言えよう。

(b) 問題の社会学的視座

以上のように従来の「世間」論の多くは外来語の「社会」と土着語の「世間」といった対比の点から「欧米社会」対「日本社会」といった枠組みに目を奪われてきたといえる。そして、これを後押ししたのが society 概念の訳語としての「世間」と「社会」の並存といった歴史的な出来事の存在であった。しかしながら、「世間」には、「社会」ないし「市民社会」のように、個人や市民の参加によるそれらの維持、発展、変革への行動の結果として成立する「統一体」といった意味は無縁である。『世間』とはそういうものではなくて、もっぱら自己を取り巻く所与の人的環境として、暗黙裡に自分を監視し規制する存在にほかならない。契約(明文的・慣習的の別なく)に基づいて形成された法的存在ではなく、自然発生したままの心理的・因習的存在である」[7]。

この指摘から、日本の「世間」とは、西欧の伝統的共同体、すなわち「コミュニティ」に対応する概念であることがおのずと念頭に浮かぶはずである。このように、そもそも「社会」と「世間」を並置して議論することで、いわゆる「ソサイエティ」＝「アソシエーション」と「コミュニティ」といった社会類型論的区分と、「近代的システム」と「歴史的・伝統的システム」といった歴史的区分とが無自覚なままに同居して、錯綜してきたといえる。こうした議論の錯乱を正した上で、改めて「社会」と「世間」に関する問題論的構成を仕切りなおすために、ここでは作田啓一の整理を踏まえて検討を進めることにする。

作田はマッキーヴァー（R. M, MacIver）のアソシエーション対コミュニティの類型論をモデルとして「社会」と「世間」概念の整理を企てている。コミュニティとは一定の地域に帰属した生活共同体であり、言語や文化を歴史的に共有することを通じて、共通の生活様式のなかで成員相互の一体感を醸成してきた。これに対してアソシエーションは何らかの目的や関心に基づいて人為的に組織された集団であり、近代家族、企業、組合、クラブなど、近代以降に多くが設立されてきた[8]。そして、この両者は単に並存するのではなく、前者が後者の基礎、つまり母胎をなすという関係にある。つまり、「企業」や「学校」といった近代的なアソシエーションであっても、それが位置する地域社会＝コミュニティの言語（方言）や慣習によって規制されるということは、今日でも、とりわけ地方ないし地方都市においてはありふれた現象である。それはアソシエーションの母胎がコミュニティであり、後者は前者に浸透するものであることを示している(9)。

こうしたコミュニティとアソシエーションの類型は、中根千枝の「場」による集団構成と「資格」による集団構成(10)や、阿部のいう「形をもつ世間」と「形をもたない世間」(「形をもつ世間」とはいわばコミュニティ＝「形をもたない世間」の原理によって強く浸透されたアソシエーションである）を説明可能なものにする。ちなみに、「場」による集団形成が「コミュニティ」（＝「世間」）、「資格」による集団形成が「アソシエーション」（＝「社会」）ということであり、また、「形をもたない世間」においては「場」による集団形成力が強く、それが「形をもつ」アソシエーションに深く浸透することによって、あたかも「形をもつ世間」としてたち現れると解釈されることになる(11)。

以上のような検討を踏まえた作田の整理は以下のようなものである。

「我々は世間をコミュニティの特殊日本的形態であると見た。コミュニティは包括的な、つまり無限定な仲間意識の所在地であって、そこから限定的な関心や属性を共通にする人々のアソシエーションが分化してくる。アソシエーション＝ソサイエティは、この共通性を意識した個人の意志によって成立する。したがって、他と区別された単位としての個人が自らを主張しやすいのは、コミュニティではなくソサイエティであると言わねばならない。コミュニティはすべての集団の母胎であるから、その文化はソサイエティに浸透する(12)」。

このコミュニティ／アソシエーション＝ソサイエティの類型が「世間」／「社会」関係のモデルとなる。そこで、日本版コミュニティとしての「世間」はアソシエーションに浸透してはいるが、「ただ、その浸透力は普通のコミュニティに比べると圧倒的に強い」。そして、その反面、「世間の中に置かれたソサイエティは、普通のコミュニティの中に置かれたソサイエティよりも、自立性が弱い」(13)ことになる。こうして、日本社会のアソシエーションとしての特異性は、実は、その母胎であるコミュニティ＝「世間」のありかたの特異性によって規定されていることになる。このように、「社会」＝アソシエーション／「世間」＝コミュニティと規定しなおした上で、「アソシエーション」／「コミュニティ」の西欧的類型と、「社会」／「世間」の日本的類型との対比ないし異同を明らかにし、作田の言う日本的コミュニティとしての「世間」の特異性（アソシエーションへの浸透力の強さなど）の謎を解き明かす必要がある。

2　文明化と集団への視座

(a) 個人主義の成立

西欧的近代社会の成立と近代的個人主義とは相互依存の関係にあった。つまり、ソサイエティ＝社会のあり方の問題は自らの意志に基づいてその構成に参画する個人との関連抜きに語ることはできない。西欧型の近代社会＝市民社会の質を問うことは、それを構成する西欧型の個人との関連を問うことでもある。

それでは、こうした西欧的個人主義の成立をいかに考えればよいであろうか。作田はデュモンの考察を参考にしながら、この点を詳細に検討している。それによれば、デュモンは「個人主義の社会は全体論（holisme）の社会と対比されている。精神的存在としての個人が至上の価値とされているのが前者であり、一つの全体としての社会に価値が置かれているのが後者である[14]」とする。そして、全体論的社会の基本単位は身分や役職であり、それらは主体としての共同体ないし集団の部分機能として、その価値が規定される。これに対して、個人主義的な社会にあって、単位＝主体は個人であり、その個人の生活上の不可欠な手段的意味を社会やアソシエーションとしての部分組織（企業や学校、家庭など）が担っているのである。ところで、こうした個人が、自らを社会的主体としての共同体や集団の機能的単位と位置づけている間は、自らを（社会や共同体、集団から）自立的な存在とみなす視角は生まれない。そのような非個人主義的で全体論的な枠組み内の個人意識のあり方を作田は「個体性」と名づけている。この個体性を乗り越え、自立的な視角が生まれるためには、個人が自らをそうした世俗的世界から超越した地点に位置づける必要がある。作田によれば、西欧史上、そうした契機は二回存在したとされる。一回目は、後期のストア派による「現世放棄」と、世俗外個人としての賢者の世俗内への連れ戻しである。それは、世俗外的な視点＝超越的視点による世俗世界そのものの相対化を生み出すからである。それが自立的個人といった発想を可能にする。だが、こうした契機が社会全体に波及したのは、二回目の宗教改革である。そこで初めて人々は自らと聖職者との区別を破棄し、同時に聖職者の超越的視点を世俗内においてわがもの化したからである。つまり、個人は世俗的秩序内で保持していた個体性の範域を超えた存在として初めて個人となる。というのも、世俗外的な超越的存在と交わることによって、個体性の枠を超えた存在へと生まれ変わることが出来るからである。個体を個人へともたらすものこそ、こうした聖職者の視点、超越的視点への一体化にほかならない(15)。それゆえ、こうした個人誕生は共同体＝世俗内の機能的単位としての「個体性」から離脱し、共同体から自立し、みずからを個人主体（＝人間的尊厳の担い手）として自覚するだけでなく、当の共同体それ自体を相対化する視角を準備することになる。作田の提起は世俗＝共同体に埋没した視点を一方の極とし、他方での世俗からの超越と、（それが単に世俗外への隠遁に終わらず）その世俗内への再配備による世俗そのものの相対化の視点の確立を見極めようとするものである。

同様に、世俗世界の対象化を可能にする視点に注目し、社会（ないし共同体）と視点との関係から「文明化」の特質を浮き彫りにしようと試みたのがエリアスであった。彼の「参加と距離化(16)」といった視座からすると、近代社会と自立的個人との間の「距離」を準備するのは、一方における「社会」の外在化であり、他方における「個人」意識の内在化（＝「内的自我」の成立）である。

個人主義の成立が近代社会の構築と相互に依存しあうとすれば、この個人主義的個人が自らの生活世界に対して、これを客観化し、距離化しうるためには、この生活世界から超越した視点を自ら確保するしかない。したがって、エリアスの「距離化」が可能となるための歴史的条件こそ、西欧における「宗教改革」であるということになる。だが、エリアスが問題とするのは、単に個人主義の成立ではなく、社会を外在化する視点（＝「距離化」）と、これを補完する主体的条件としての「内的自我」の相関にほかならない。この点からすると、「内的自我」意識の成立にとって、フーコーが注目したキリスト教の「告解」(「告白」)の制度の重要性が浮上する。告解とは、個人が司祭の前で自己の私的行為や性的関係をさらけ出した上で自己批判する内面的権力による強制ともいえる制度にほかならない。そもそも「告解」とは性的な掟に反した行為の許しを乞うためのものであったが、徐々に性的快楽一般に拡張され、性的言説といったきわめて私的な内面を表出することを通して、主体としての自己を確認、規制する機能を担うものとなった。フーコーはこうした儀式を執行する固有の権力を「牧人=司祭型権力」と呼び、近代的=内的自我としての主体形成の技術論をそこに見出したのである。(17)

つまり、こうした「内的自我」の構築が同時に、社会の外在化=距離化を可能とするといった機制がここには潜んでいる。物象化的な「社会」概念を支えているのは、「社会」を認識する主体の側が、(主客二元論的な枠組みを定立すべく)そうした外在的、客観的な「社会」の対極に立つ「内的な」存在性格をもつと考えられるからである。ただし、ここでいう「内的」と日本的な「ウチ」とを混同すべきではない。ここでの「内的」とは、「社会」の「外部性」=物象性から明確に峻別されるべき意味での「内的」ということで、社会の外部性に対する自己意識の「内部性」といった対峙関係に基づいたものである。いわば、この「内的」な自己は、自己の「内面」に潜んでいるが故にその自己によって感知される対象すべては「外在的」で「客観的」なものとされる。「みずからの自己を一種の閉ざされた容器、閉ざされた人(homo clausus)と思うこの経験」(18)のゆえに、世界は「内的自己」と「外的社会」、主観と客観とに分節化されることで、主体の実体化と社会の物象化とが並びそろうことになる。

こうして、エリアスの「参加と距離化」の議論もまた、近代社会と個人主義との関連について、社会認識上の機制といった点からその解明を目指したものといえる。エリアスは、諸個人、諸集団、諸国家間の相互依存関係のネットワークの構造を「関係構造」(Figurazion)(ないし「図柄」)と称し、文明化の認識論的機制とは、この関係構造に内在した視点から、その視点の外在化=超越化への展開にあると考えた。当初、この関係構造を形成する人々は、自らが構築している構造の一部として、そこに埋め込まれている。それゆえ、「井の中の蛙」よろしく、その構造全体を見渡すことができず、「あまりにも深く巻き込まれているので、外側から自分自身を見られないのである。人間が人間に及ぼす強制はこのように彼らの各人に影響を及ぼし――多くの人たちによって――人間の外側にある強制として体験される」(19)。いわば、人々は自らが巻き込まれた「関係構造」を宿命的なものとして引き受けるしかないことになる。これに対して、この「関係構造」を対象化し、統御しようとするなら、人々はそれを「距離化」し、探求の対象としなければならない。

つまり、エリアスによれば、「関係構造」に埋没した視角は「参加」であり、それは生活世界への埋没といった意味で「共同体」を構成する。そこに埋め込まれた主体のあり方は、作田の言う「個体」ということになる。逆に、その「関係構造」の対象化=距離化は近代的「社会」の成立に対応することになり、そこでの主体は、その構造から外在的で超越的な視角を持ち合わせた(個人主義的な意味での)「個人」ということになる。

エリアスによれば、人間と自然、人間と社会、人間と自己とのあいだの「関係構造」の制御可能性の増大こそが「文明化」と呼ばれる事態にほかならないが、それは関係構造への「参加」(Engagement)から「距離化」(Distanzierung)への移行を伴いはするものの、決して単線的な「進化」とはみなされていない。

こうして、個人主義の成立をもたらしたキリスト教的伝統が当のコミュニティ存立の精神的支柱であった呪術的＝アニミズム的世界観ならびにその社会的視座＝「参加」の視点をいかに廃棄し、これを超越してきたのかといった、いわば近代化と社会認識の相互依存の問題をエリアスは提起しているのである。

(b)西欧的コミュニティと「個体性」

人間はこうしたネットワーク＝関係構造に組み込まれ、そこに参加し、その内部からこの事態を認識することを皮切りに、徐々にこの関係それ自体に対して距離をとり始めることになる。エリアスはこれを「一人称的」視座と「三人称的」視座とも呼び、「関係構造」に内在的な視座と外在的な視座との対峙として提示している。そこで、このエリアスの論点を中心に、西欧的コミュニティの存立構造に立ち入っておこう。

①「参加」の思考

エリアスの「参加」の視点とは、すでに触れてきたように、人間が生まれながらに組み込まれてきた世界や共同体、集団＝「関係構造」に対して、その内側からこれを捉える際の視点にほかならない。そこでは、人とそれらの世界との距離は狭められ、ほとんど密着している。それゆえ、この一体化した世界経験は情動に満ちたものとなり、世界を構成する事物はそれ自体として客観的な観察の対象としてではなく、自己との一体化において、「私（たち）のもの」として捉えられることになる。[20]その実例はグレーヴィッチが挙げるゲルマンの故郷であるスカンディナヴィアの初期中世の人々の心性において示される。そこでは「人間と人間をとりまく世界との距離というものが欠如していたから…世界の有機的な一部であり、自然のさまざまなリズムに従っていた人間は、自然を脇から見る（＝距離化――引用者）ということはとてもできなかったのである[21]」と指摘されている。

阿部によれば、一三世紀までの西欧における「個人」成立以前の「世間」＝コミュニティと、そこからの離陸を可能にした「個人」の誕生についての歴史的な考証において、キリスト教の受容以前のヨーロッパ社会の特徴をゲルマン社会のうちに見て取ることができる。ゲルマン人は貴族、平民ないし隷属民、いずれかの階層とそれら内部の集団に所属しており、それぞれの階層や集団毎に行動の規範はあらかじめ規制されていた。つまり、個人の行動は因習的に定型化され、それを踏み外すことはタブーとされた。個人の意志は、それが集団の目的に添う限りにおいて認められ、それは自己の自発的な動機に基づくものではなく、所属する集団の必要に基づくものであった。[22]

②アニミズムと感情性

そして、こうした「関係構造」への参加＝埋め込みといった「コミュニティ」内の関係に注目するなら、それが、対象に対する情緒的、感情的な関係に満ちたものであることに気づく。それはちょうど距離化の関係が「理性的」とされるのと対照的な関係にほかならない。「彼らの空想が情感に満ち満ちていたことは、彼らが置かれていた状態の不安定さ、彼らの手持ちの知識の不確かさを反映していた」(23)のである。客観的で科学的な知識の欠如は、世界と事象に関する空想や表象＝イメージによる推測で埋め合わせられ、そうしたイメージには色濃く情動が染み込んでいた。

こうして、世界への「参加」と「距離化」との差異は、単に視点の内在と外在との対峙のみならず、対象に対する感情的、情動的接近と、感情中立的で理性的な接近との対立としても現れる。いわば情動は対象との近接をもたらし、理性は対象との距離をもたらすのである。ここに、自然界や人間界に対するアニミズム的アプローチと、近代の自然科学的アプローチとの差異のゆえんがある。

対象に対する密着と参加とは、対象の運動の「原因」や「結果」、「時間」や「速度」といった抽象的なカテゴリーの操作を媒介とする自然科学的な思考とは対極に立つ思考を生み出す。それは人間自身の身体的＝生理的運動からの類推に基づく対象の理解であり、いわばレトリカルなイメージ的思考にほかならない。

彼らが世界について考える場合、抽象的なカテゴリーによって思考するのではなく、したがって、世界を人間と自然、主観と客観との二元論によって発想することはなかった。むしろ、人間は生命力に満ちた自然の中で、その一部として自らを体験していた。[24] こうした世界経験のあり方はエリアスが指摘するように「精霊崇拝」＝アニミズムにほかならない。この「無邪気な自己関係づけ」といった世界経験と認識の様式が近代化以前の共同体的生活を覆っていたことは間違いない。このレトリカルな思考を中核としたアニミズムにあっては、その「思考と行動の中にかなり高度の参加と情緒性」[25]の存在を伺うことができるが、その射程は極めて限られた世界の範域に限定されている。

中世農民世界における「迷信」と異教的習俗についての報告は明らかにこうした「アニミズム」的心性の表出を描き出している。例えば、一〇世紀初めの「レギノの贖罪手引書」によれば、「樹木、水源、石、十字路、および（教会以外の場所の）墓に対する農民の宗教儀式が考慮されている。つまり農民の宗教儀式は、魔術師や占い師あるいは（司祭に代わって）女たちによって（主の祈りや信条告白をする代わりに）呪文や歌を使った司式が行われていたのである」[26]。こうした農民の呪術的信仰心は一九世紀にいたるまで西欧世界の日常生活のうちに残存し続けた。彼らの多くは祝日と日曜はキリスト教的に過ごし、平日は呪術的な日常を生きていた。[27] そこから、西欧個人主義の生成にとって重要な機能を果たしたとされる「告解」（「告白」）についても、その内面的儀式が真に普及し、内面的自我の生成の契機として機能するに至るためには、年に一度のタテマエとしての「告解」と聖体拝領に対するホンネとしての呪術的信仰心との乖離をいかに超克するかが長い間の課題であったといえる。[28]

③自他癒合

そして、こうした社会関係における「高度の参加と情緒性」とは、個体としての成員相互間の「自他癒合」した状態を醸し出す。スカンディナヴィア神話の分析を通じてかつてのゲルマン系民族に共有された世界観と表象の析出を企てたグレーヴィッチによれば、初期中世人の世界モデルの中心には家族と土地、家屋が組み込まれている。(29) 彼らの日常世界は「ミッドガルド」(真ん中の庭)と呼ばれ、屋敷と耕作地を中心とした生活空間であった。そして、その周囲には「ウトガルド」と呼ばれる敵対的な外部世界が広がっている。これらはいわば日本語の「ウチ」「ソト」に対応した空間世界を構成するものであった。

しかも、こうした「ミッドガルド」内の生活においてはすでに触れたように、人と世界との間の距離の欠如ゆえに、人々は自然や世界の中に埋没し、「参加」の視座を具備することになる。こうして、「人間および人間集団と大地との未分化の関係」は人間関係にも波及し、「このような世界感覚は、人間が自らの《我》の延長としてあつかう態度から生まれ、個人と社会的グループとの間に生まれる相似た有機的一体性と切り離しがたく結びついている(30)」。いわば「ウチ」の構成員間の融合状態に近い関係がスカンディナヴィア人の共同体に存在していたことが伺われる。そこでは血縁集団全体が「父」の名によって表現され、「母」は「母と子たち」や「母と娘たち」を表現するものとされる。また、個人は集団の構成員の資格において、自らを位置づけ(アイデンティティ)、集団の枠から外れた個人そのものとして問題とされることはなかった。(31)

同様に、初期中世における個体性のあり方が前キリスト教的な「集団的自我」の構造をなすことが報告されている。そこでは、〈肖像のない時代〉（テレンバッハ）と呼ばれる個人に対する無関心に支配された生活が営まれ、個人が姿を現すとすれば、彼が集団に対して果たす機能の点においてである。そこでは、共同体に組み込まれる以外の生活はありえなかった。[32] また、荘園内で生活する荘民たちは領主の所有物であり、「ファミリア」（家族）とよばれていたのである。[33]

④規範性

こうして、初期中世の、キリスト教以前のヨーロッパ社会では集団内的な結びつきが重視され、個人性の発達は妨げられていた。その上、この集団内へと人々は埋め込まれ、いわゆる「参加」の視点は集団全体を対象化する可能性を排除していた。その意味ではこの共同体こそ「世間」にほかならない。それはまた共同体内の人々にとっての社会的規範を強制する枠組みでもあった。農民の世界と貴族の世界とはまったく交差することなく、それぞれ独自の「世間」を構成し、人々はそこで固有の規範に縛られながら生きてきた。農民の規範は、「慎重であること」、「言葉少なくすること」、「用心深いこと」、「抜け目なく振舞うこと」、「機敏であること」[34] などが求められていた。

こうして、中世人の生活はさまざまな人間関係の網の目に緊縛された不自由なものであり、生まれながらの身分とそれに付随する生活圏に固有の規範から抜け出すことはできなかった。[35] また、例話の中に見られる「世間」の所在についてはグレーヴィッチが具体例を挙げている。[36]

このように、キリスト教以前の初期中世のヨーロッパにおける共同体のあり方は、日本の伝統的共同体＝「世間」と多くの共通項を含んでいることが推測される。それらは共にコミュニティを構成している点では軌を一にしていたことになる。

3　日本的「世間」の論理

（a）人称代名詞と「ウチ」

エリアスによれば、人称代名詞群はあらゆる「関係構造」の基礎として「普遍的」に存在するとされていた。しかしながら、日本語には印欧語の人称代名詞に相当する代名詞は存在しない。この点はすでに詳説してきたことであるが、本章のテーマにとって重要な知見でもあるため、簡潔に要約しておこう。従来人称代名詞とされてきた「私、僕、君、お前」などは語源的にも名詞にほかならない。それは「悲しい私」「卑劣なお前」といったように形容詞を受け付けるという点でも名詞である。それゆえ、日本語の人称名詞を「代名詞」とすることは、そもそも印欧語文法を無批判に受け入れ、日本語を無理やりそこに当てはめようとした結果でしかない(37)、といった指摘を踏まえて、改めて日本語の人称詞のあり方を見ておく。

日本語の人称詞の使われ方を見る場合、その特質が最も典型的に表現されるのがいわゆる「授受動詞」である。ちなみに「あげる」と「くれる」といった授受動詞で見ると、

①「次郎は由紀子に花をあげた」
②「次郎は由紀子に花をくれた」

といった表現から、「話し手」と由紀子との関係が、いわば「身内」か「他人」かによって「あげる」（他人）と「くれる」（身内）とが使い分けられていることが分かる。印欧語における give なら I と You ないし He との関係がどうあれ、このような使い分けはありえない。そこから、牧野は、「…日本語では、一人称、二人称、と三人称のかわりに『ウチ人称』と『ソト人称』を文法用語として採用すべき」[38]であると主張する。つまり、印欧語における人称関係は「話し手」＝一人称と「聞き手」＝二人称、そして「話題」＝三人称といった純粋かつ抽象的なコミュニケーション関係を成り立たせている諸項の関係にほかならない。これに対して、日本語では個々の個人のコミュニケーション上の位置ではなく、「話し手」を中心とした「場」の分布（「ウチ」か「ソト」かという）がそこに表現されているのである。

そこから、日本語を通して表現される日本的社会関係の原理は印欧語のような「個人」を単位とした人格的関係というよりは、「場」の分布によって規定された心理的ないし情緒的な関係にあることが予想される。こうした視角は指示代名詞についてはすでに大野によって提示されていた。大野はいわゆる「コソアド」の体系はコ＝近称、ソ＝中称、ア＝遠称、ド＝不定称といった（印欧語に範を得た）空間的な距離による捉え方では説明しきれないことを主張してきた。とりわけ古典語ではこの説明は効力を持たず、「コ系は自分のウチにあるもの、カ系（ア系）はソトのもの、ソ系は我と汝と共有のものを指すと見るのが、コソアドの体系の理解なのではなかろうか[39]」とする。そこから、日本人にとっての他者もまた、「コ系」としての身近な「身内」と、「カ系」としての疎遠な「ヨソもの」とに分類されることになる。

そして、こうした「ウチ」の「馴れ合い」を日本固有の「甘え」といった情緒的関係と捉えたのが土居であった。さらに、土居はこの「甘え」の発生の「場」にも目を向けて、甘えの視点から「ウチ」「ソト」論の整理を企てている。そこにおいて、以上の展開から引き継がれる論点として、「ウチ」が欧米の社会的単位としての個人＝プライベートとは対照的に仲間集団であることが挙げられる。「…内という日本語が、身内とか仲間内というように、主として個人の属する集団を指し、英語のプライベートのように、個人自体を指すことがないのは注目すべきであると思われる[40]」。それだけではない。

この自我の延長（＝メトニミー的拡張）としての「ウチ」と同様の現象は、例えば自分の所有物である住居や車といった事物に見られるものであり、そのこと自体は西欧にも存在する。だが、ベルクが指摘するように、この自我の延長が他の人間、すなわち「身内」や「仲間」にまで及ぶといったことは西欧には存在しない[41]。

このことは、西欧における内集団（inner-group）と外集団（outer-group）と、日本的「ウチ」「ソト」関係の差異を特徴付ける重要な点である。つまり、欧米の内／外（inner ／ outer）の区分はいずれも個人を集団構成の単位とするのに対して、日本的内／外の場合は身内（ウチの人、宅、家内、ウチの者）

とよそ者との差異といった、いわば「場」(が共有されるか否かという)に基づくものである。それゆえ、この共有された「場」に同居すると考えられる諸個人はそれ自体で一単位をなすことになり、その諸個人は融合した存在として扱われることになる。[42] したがって、土居の言う「甘え」とは、西欧には希薄である自他癒合における「情動性」であり、それは人称代名詞化しうる西欧的自他関係とは異質な、「ウチ」化された日本的自他関係=自他癒合に固有の感情であるがゆえに、容易には翻訳不可能なものと考えられる。同様にこの点に関わる日本の特異性についてはベルクの指摘がある。内集団と外集団といった西欧の事例をあげつつ、「たしかに内/外の対立はグループがグループとして存在する基本である以上、どんな社会にもある。しかし、依然として、日本社会ではこの対立が、その強度、厳格さ両方の点で、稀に見る程度まで高められているのを認めねばならない[43]」。作田のいう日本的コミュニティとしての「世間」の特異性、ならびにそれによって規定された日本「社会」の特異性の指摘に通じる主張でもある。

それはともかくとして、土居は「ウチ」「ソト」とその中間地帯=「世間」における日本人の心性のあり方を次のようにまとめている。「いま遠慮が働く人間関係を中間帯とすると、その内側には遠慮がない身内の世界、その外側には遠慮を働かす必要のない他人の世界が位置することになろう。面白いことは、一番内側の世界と一番外側の世界は、相隔たっているようで、それに対する個人の態度が無遠慮であるという点では相通ずることである。ただ同じく無遠慮であるといっても、身内に無遠慮なのは甘えのためであるが、他人に対する無遠慮を甘えの結果であるとはいえない。前者では甘えていて隔てがないので無遠慮であるのに対し、後者では隔てはあるが、しかしそれを意識する必要がないので無遠慮なのである」(44)。

ここでは「ウチ」における「甘え」の関係がとりわけ「おまえ」と「おれ」といった一、二人称の間に存在しており、それが印欧語のIとYouとは異なった、自他癒合した関係を構成していることが示されている。そのことは、相手にとっての対称詞(「おじさん」「先生」など)を相手に対する自称詞として用いること等に典型的に示されている。自分の息子に対して、「パパが煙草を買ってくる間、ここで待っていられるかな?」と語りかける時、息子が自分に対して用いる「対称詞」を息子に対する「自称詞」としても用いる場合である。そこでは息子と自分との間の自他関係は峻別されることなく、癒合している。この「甘え」がそこでは無遠慮を帰結していると言える。これに対して「ソト」では「甘え」は通用しないとみなされており、それどころか、この「他人」とはほぼ非人格的な存在と観念されていて、その結果が「甘え」抜きの無遠慮ということになる。そして、この「ウチ」「ソト」の中間=境界領域こそが、「ウチ」世界の極限ながら、気にする必要のない「ソト」に接しつつ、なおその内側に存する、最も気がかりな「世間」であるとされる。その世間において初めてひとは「甘え」による保護から放逐されて、一人立ちし、一人前の対応を強制されることになる。こうして、西欧の人称代名詞的な関係の代わりに、日本社会の基礎に普遍的に伏在する関係は「ウチ」「ソト」関係であり、その「ウチ」は自他癒合した「身内」「仲間内」の世界であり、その癒合した関係固有の心性こそが「甘え」と呼ばれるものなのである。

また、この「ウチ」の住民は「ウチ」世界に埋め込まれ、エリアスの言い方を借りるなら「参加」することによる視点の「内在性」を端的に示している。この点も、土居によれば、日本思想の固有の閉鎖性（タコツボ化）などはあくまでソトからの批判的指摘として表明されたものであり、当事者自身は自らの「参加」の視角については無自覚なまま、実は閉鎖性どころか、自らを極めて開放的と意識する場合が多いとされる。(45) つまり、それほどに「ウチ」への参加は日本人とその発想にとっては「宿命的」かつ「自然」な事態なのである。

(b)「世間」と視点

以上の「ウチ」の位相についての検討を踏まえて、次にこの「ウチ」と「ソト」の境界とされる「世間」について考えておこう。まず、第一に、「ウチ」における内在的視点といった特徴はそのまま引き継がれる。というか、遠慮のない「ウチ」における無配慮に対して、「世間」の意識化は、「ウチ」としての「自分」や「われわれ」が非「ウチ」でありながら、「ソト」のように無遠慮かつ無配慮に関われるものではなく、「ウチ」をその外周から観察・評価する「他人」の目として意識せざるをえないものとして引き継がれる。「世間」とは、「ソト」のように非人格的な他者＝よそ者ではなく、あくまで「ウチ」ではないながら、逆に「ウチ」でないがゆえにむしろ厳しく観察され、評価される結果として「ウチ」世界に甚大な影響を及ぼすことが予想されるような他者である。したがって、その他者は「ソト」の場合のいわゆる「匿名」の他者ではなく、あくまで「ウチ」と同格ないし格上の他者として捉えられている。

この点を芳賀はこう論じている。「世間」における関係とは、「…ことに『対人』の表象と根強く結びついたものであった。…仲間の顔、ヨソ者の顔が意識され、かれらの眼に映る自分の姿を意識しては気をつかい続ける。『世間』への気がね、『恥』や『義理』の重圧、その間に処して『浮世』（憂き世）を『世渡り』して行く（それも『世間並み』に生きて行く）のが社会の成員としての人生であった。――いわば伝統的日本人の社会意識にある"the world"は、人の顔と心を抜きにしては浮かんで来ないものであった。筆者はこれを〝インターパーソナルの、またはフェイス・トゥ・フェイスの社会認識〟と仮称している(46)」。

つまり、「世間」とは、「社会」のような「匿名」かつ抽象的な他者との関係ではなく、生身の「ウチ」と同格ないし格上の他者の眼と観念されている。むろん、芳賀の言うような具体的な「対人的」関係というより、イメージとしての「対人的」関係が「世間」を構成する。つまり、「世間」とは、「社会」のような抽象的な集合体のイメージではなく、具体的な「対人関係」から拡張されたイメージ世界なのである(47)。それは自己からの「メトニミー的拡張」として成立した「身ウチ」「ウチの者」「ウチの人」などから、さらに進んで「ウチの会社」「ウチの学校」「ウチの村」へと、具体的な人間関係を超えつつ、メトニミー的に拡張されたイメージ世界の外延をなしている。

こうして、「世間」は「自分」を含む「ウチ」に関わる、ないし関わりうる（具体的ないし具体的イメージとしての）「顔見知り」の他者たちから構成される社会圏ということになり、当事者ごとにその圏域は異なりつつ重複したものとなる。「…個々の人間が、自分と基本的には顔見知りのある利害関係を持つ、そういう関係を結んでいるところで成立する人間関係ですから、一人一人みな違う世間を持っているわけです(48)」。

芳賀はこうした「世間」の核となる「ウチ」を「拡張自我」としての集団とみなすことによって、それがエリアスのいう「参加」の視点、いわばその集団に「内在的な」視点の根拠となっていると説く。「このように、伝統的日本人の意識に根をおろした集団の概念といえば、各人の拡張自我にとどまるものであったから、それを超えた、より抽象的・普遍的な the public や society はなじみのないものであった。拡張自我はあくまでも自己の延長であるから他に対して『閉じた』存在で、やがて訪れるべき近代の『開かれた社会』へ積極的に通じるものではなかった(49)」。

したがって、「世間」を特定ないし固有のコミュニティや集団として規定するだけでは片手落ちとなる。というのも、その存在はあくまでその中心に位置するはずの「自分」を含む「ウチ」の視点から、つまり「世間」の眼にさらされる側の視点からして初めて独自の意味をもつような存在にほかならない。ここにはエリアスの「関係構造」に内属した「参加」の視点が示されている。ただし、その視点の担い手は西欧流の個人ではなく、共同化された「ウチ」という固有の「場」である。そして、この「ウチ」の視点はその外周である「世間」による評価を気遣いながら、自己規制（「世間並み」「一人前」たるべしと）を強いられる。それは「世間の眼」という「社会規範」に結びつく。

（c）「世間」と規範

阿部によれば、「世間」とはルールであるとされる。それは明文化されたものではなく、慣習的で、身体化された（身についた）ハビトゥスとして儀礼的に遂行されるものである。つまり、「世間というものはルールであり、また成文化されていない掟ですから、どんな不満を言おうと批判を言おうと、変えることのできないものとして聞き流される」[50]。日本の伝統的社会の階層文化の中では、とりわけ近世武士の「世間」が「武士道」とむすびついた厳格なものであったことなどは山本[51]によって報告されている。また、こうした社会的規範ないしルールとはその内部の人々の日常的行為の拠り所ともなるという点から、井上はこれをK・マートンのいわゆる「準拠集団」（reference group）に該当するものとみなしている。「『世間』は、個人（行為主体）のがわからみれば、わが国の人びとに特有な、一種の『準拠集団』である、と私は考える。『世間』もまた、厳密にいえば『集団』ではない。だが、『準拠集団』的な考え方を適用することによって、『世間』の構造の特質が、たぶん、くっきりと浮きぼりにされることであろう[52]」。それでは、この「準拠集団」としての「世間」の特質とは何か。

実は、日本的「ウチ」集団は、一方では極めて閉鎖的かつ排外的なようでいて、「ソト」に対する強力な「好奇心」ないし「憧憬」を併せ持っているのである。そこから、「ソト」集団の価値にコミットすることを通じて自己判断するといった形で、「ソト」ないし「世間」への強力な準拠を作り出している。つまり、ここではメトニミー的論理は、「視点」はあくまで閉鎖的な「ウチ」に帰属したままで、常に（世間ならびに）「ソト」世界への（認知や所有といった）欲求（＝わがもの化）を実現せんとアンテナを張って待ち構えているのである。[53] この閉鎖性と開放性との二重性の指摘は重要である。というのも、それぞれ内閉的なウチ集団が自己完結してしまうのであれば、日本社会全体の伝統的な統合、秩序は考えられないことになるからである。日本のウチ集団は、それぞれ内閉しつつ、しかしながら、そのソトないし「世間」へと画一的に準拠することを通じて、実は同様の規範の内面化をもたらしつつ、それを開放口として結びつく連鎖状の統合を結実してきたのではないかと考えることができる。

そして、こうした「世間」の準拠集団としての特質に注目することによって、日本的共同体の、西欧的コミュニティとの差異の謎が解き明かされるかもしれない。その謎とは、初めに提示した作田の日本的コミュニティとしての「世間」の特異性であり、そのソサイエティへの「浸透力は普通のコミュニティに比べると圧倒的に強い。そのため、世間が極めて強く浸透している集団は、『場』による集団と呼ばれ、一つの集団類型とみなされるほどである」[54] 点にある。そこから、この「世間」の浸透力の強さこそが、日本的ソサイエティの自立性の弱さ、その反個人性、そして、あらゆるアソシエーション内への世間の浸透といった日本的「世間」の特異性を導くとされる。とすれば、まさに問われるべきは、この世間の浸透力の強力さのゆえんにある。

所属集団への内属だけなら、西欧の「内集団」と同様、外部に対する敵対的な対峙に規定された「閉鎖性」を特徴として持つことになる。にもかかわらず、井上が指摘するように、日本的集団はその凝縮性を犠牲にすることなく、いわば外部へと連鎖的に開かれた回路を有している。それが、この所属集団と、それを中心として配置されたより広域の準拠集団としての「世間」との二重構造のメカニズムである。所属集団と世間との関係は極めて近接的ないし隣接的である。このいわば近接領域への準拠こそが、「ウチ」なる集団に外部への開放口を可能にする。しかも、準拠する集団ないし「世間」はウチなる当事者を「評価」し、「位置づける」だけの権威を持つと意識されている。そのようなメカニズムを可能にするものこそ、「ウチ」なる家父長的「家」の、メトニミー的拡張として「世間」をイメージ的に構築することである。「子」としての自己が、「家」の権威である「父」の目を気にし、気遣うように、そのメトニミー的に拡張された「世間」の「目」を気にするといったことが生じるのである。

そして、この格上の権威にウチ集団内で最も近い存在は、集団の長である。そこでこの開放口を準備するのは「ウチ」なる所属集団の「長」に担われることになる。ベルクはその典型的事例を一九四五年の敗戦の詔とその後の事態のうちに見出しうるとした。「首長は、共同体と高次の秩序の間の仲介物として、細胞を開き、外部を内部に移入することができる。伝統的社会では、天皇が日本という細胞を神々の秩序に開き、農村共同体の首長（「名主」）が『村』細胞を封建的秩序に開き、家の首長（「家長」）が家族を『村』の秩序に向かって開いていた。むろんこの三つの主要段階の間には想像しうる限りの中間段階がある」[55]。それぞれの細胞＝「ウチ」なる所属集団の成員はより広範かつ上位の権威を懐胎する「世間」の評価を恐れ、これを重視し、それゆえ、そこに準拠しつつ、自らを所属集団内部のみならず「世間」内部のうちに位置づけることを通してそのアイデンティティを確認してきた。

いわば、その権威と階層性の受容が「世間」並みとしての適応を可能にする行動様式を規定するといえよう。

　こうした論理、すなわち西欧的な概念的論理とは異なる、近接項に準拠した類比＝メトニミー的な論理こそが、ウチなる集団間を連鎖的に結合しうる固有のものとみなすことができる。同様に、日本における「公」と「私」の混交といった事態も、「公」（public）と「官」（official）の独自の同化を前提とした「私」（「ウチ」）と「公」（「世間」ないし「お上」）とのダイナミクスとして説明がつく。すなわち先の連鎖的開放口の論理によれば、「ウチ」なる家（私）の権威である「父」は、同時に「ソト」ないし「世間」（公）の権威を代表し、そのさらに上位の外的権威とも結びついた存在と観念される。つまり、「公的なものは私的なものの上にあり、同時に中にある」[56]。日本的「私」（＝ウチ）性のこうした二重性が公的な、上位の「世間」への準拠を孕んでいる限りにおいて、公的組織内へと世間＝日本的共同体は浸潤することになる。いわゆる近代的アソシエーションも、日本近代化の過程では「ウチの会社」「ウチの学校」として、外見上は（「神の目」からは）近代的システムであるものが、そこに住まう生活者の目（「虫の目」）からは対面的で情緒的な人間関係（「世間」）へと容易に「ウチ」化されてしまう。まさに日本的ソサイエティ＝社会とは、こうした「世間」によって色濃く浸潤された社会にほかならない。そして、こうした強力な「ウチ」化の基底にはやはり強力な「メトニミー的論理」の貫徹を見ないわけにはいかない。

　他方、西欧初期中世のコミュニティは確かに日本的共同体と同質の諸局面を共有しつつ、しかしながら、コミュニティ内の成員相互の契約的＝法的関係を重視するという点からも明らかなように、成員でありながら、その個人的人格の自立が確保されていたことを踏まえて、キリスト教による「告解」から「宗教改革」に至る超越的なものへと準拠した「個人主義」的意識の醸造の結果、いわゆる西欧的ソサイエティを築き上げてきた。それは生活世界としてのコミュニティを超越的な個人の視角から徹底的に「距離化」しうる位相を歴史的に積み上げてきた結果にほかならない。これに対して、日本の伝統的な個体性は、日本語における「人称代名詞」の不在にも反映されているように、そもそも「ウチ」なる集団内部の自他の地位＝役割関係に組み込まれ、自他の癒合した間柄に規定された非個人的な「自我」を核とし、この自我のメトニミー的拡張としての「ウチ」観念からさらに同一円心的に拡張された「世間」への準拠を通して、いわば徹底して「内在的」（＝「参加」）な視角から共同体内的権威と階層性を拡張した上限に天皇を頂いた「広い世間」のメトニミー的イメージを自前の「社会」像として築き上げてきたということができる。その意味で、日本社会は日本的共同体としての「世間」の強力かつ持続的な浸透を特徴として成立したものとみなすことができる。

第七章　家族国家のコード

明治末年以降、戦中にいたる日本固有の「社会イメージ」としての「家族国家」観を支えた思惟構造はメトニミー的認知図式であった。そこで、この認知図式の特質を「家族国家」観の主要な特徴と関連付けることを通して、その点の検証を企てる。もとより、家族国家観に関する幾多の研究の蓄積を前提とした試みではあるが、そうした論議から提示されてきた主要な指摘や特徴、発想などをより整合的に一貫して説明可能にする枠組みこそ「メトニミー」的な認知図式であることを示すことがここでの目的である。

1　「ウチ／ソト」とメトニミー

日本人に固有の関係性のあり方として、主体を中心とした「ウチ／ソト」関係を挙げることができる。これは西欧的な「内部集団 in group／外部集団 out group」といった主体の帰属、非帰属に関わる、それ自体として客観的な集団概念とは異なり、主体の属する「ウチ」は家族や「身近な」集団を超えて、住居、近隣、会社にまで及ぶものであり、「ソト」をどう想定するか（家族外か、隣村か、ライバル会社か、外国かなど）によって、かなり広範に同一円心的に伸縮可能な関係概念である。とりあえず、主体（C）が、なじみのない対象（T）に対して、参照＝準拠点（R）として指示する「C－R」関係の範域が「ウチ」、なじみがなく、直接アクセスすることが困難であるような対象世界Tが「ソト」であると考えられる。だが、そもそも家族以上の住居や近隣、会社なども主体（C）と家族（R）の「ウチ」関係から、当初は「ソト」Tであった対象をメトニミー的な「同化」作用によって「ウチ」化した結果にほかならず、慣例化された「ウチ」概念それ自体がこうしたメトニミー的作用による構築概念と考えることができる。ベルクも「こうした意味派生は、メトニミーを好む日本語独特の現象である」(1)と指摘している。

そして、ここで確認しておくべき点は、主体（C）とその視点は「ウチ」（C－R）領域に埋め込まれていて、決してそのソトに超え出ることはない、ということである。(2)さらに、このメトニミー的同化作用の結果である「ウチ」の構成要素である主体（C）と、参照＝準拠点（R）との関係は単に「連続的」であるという以上に、（主体である夫と妻、住居、会社などの）一体化、を帰結し、それが一方での（個人的）「主体性」の脆弱性を、他方でのC－R関係の情緒的融合を生み出す素となっている。つまり、このメトニミー的同化作用の結果である「ウチ」の関係性はメトニミーに固有の視点の「内在」、「連続性」、「情緒性」の結晶をなしているのである。

そして、この「ウチ」に対する「ソト」の概念的性格は「ウチ」概念を反転させることによって特徴付けることができる。まず、主体（C）とその視点が所属しない、「外部」的な対象領域である。次に、（C）－（R）の「ウチ」関係のような連続性は主体（C）－対象（T）の関係のうちには存在せず、（C）－（T）関係は非連続的である。そして、「ウチ」関係の情緒的繋がりもなく、（C）－（T）関係はきわめて冷淡かつ無頓着である。いわば「旅の恥はかき捨て」のとおり、「ソト」の世界はほとんど非人称的な世界であるとされる。そして、この「ウチ」と「ソト」との境界領域こそ「世間」と呼ばれる世界にほかならない。世間とは、「ウチ」における「遠慮なさ」でも「ソト」における「無遠慮」でもなく、日本人が意識的に気を使わざるをえない（具体的な対人的関係のようにイメージされた）「他者」の世界である。「ウチ」の者の「視線」は自己と一体化しているがゆえに意識することは通常はありえない。そこには「甘え」が許されている。「ソト」の「他者」はそもそも非人称的とみなされているがゆえに、全く気にかけることはない。したがって、「ソト」ではひとは極めて傍若無人に振舞うことになる。だが、「ウチ」のように「甘え」が許容されず、かといって「ソト」の他者のように無視することもできないような、まさに「境界領域」に当たる「世間」とは、そこから自己への「視線」すなわち評価眼が向けられる「規範」の世界として観念される。西欧の「規範」の根拠が世俗を超越した神観念に担われるのに対して、日本の場合、それは「ウチ」と「ソト」の境界に位置し、したがって「他人の視線への意識は、どんなにそれが内面的なものでありえても、ある決定的な一点で、キリスト教的意識（「良心」）と異なる。後者が、『外聞』を超越した普遍的なある規準に則っているのに反し、前者は局所的、人間関係の文脈を準拠点としてとりあげるからである」(3)。主体（C）が参照＝準拠する「世間」とは、人々の「生活世界」であり、しかもそれは「社会」のような対象化された中立的な世界ではなく、あくまで生活「主体」一人一人によってその関係するネットワークや範域が少しずつズレながら、他の主体の世界とも重なりあった具体的な世界にほかならない。そして、その「世間」という各自に固有の生活世界は、「ウチ」なる範域とは明確に区別された「甘え」の利かない世界であり、かといって「ソト」のように無視し得ない、主体の生活活動にとって何らかの利害関係に関わる具体的な世界でもある。したがって、各主体は、その世間を自己認識、自己評価の参照＝準拠点とすることによって自らを振り返ることになる。それは西欧的な超越神といった世俗外的な準拠＝参照点とは異なる「隣接性もしくは近接性の準拠」(4)にほかならず、いわば「ウチ」なる参照＝準拠点（R）を介して「ソト」の事象を認知するメトニミー的認識の機制を、主体（C）たる自己へと反転させることによって自己省察ないし点検を行う方策であるといえよう。「世間」とは、それゆえ各自にとって自己認識、自己評価のための参照＝準拠点としてイメージされた「自分に向けられた視線」を意味するものであって、それ自体としては具体的な集団として実体化しえないものなのである。

こうして、日本人の「自己」―「社会」の関係は、西欧的な「主体」―「客体」の抽象化された二元論の枠からは説明のつかない、「ウチ」―「ソト」とその間の「世間」をめぐる、きわめて具象的かつ主観的で情緒的なメトニミー的構造をなしていると考えられる。日本的な「社会」像としての「世間」の構成の基底に、こうしたメトニミー的構造が潜在しているとするなら、近代日本に固有の「国家」像である「家族国家」観の構成の基底にも同様の構造を見出すことができるはずである。

2　「家族国家」観の基底構造

(a)　家族国家観とメタファー

そこでまず、家族国家観の基底構造をさぐるに当たって、本章の趣旨と真っ向から対立するものとして、家族国家観の基底構造に「国家有機体」論的メタファーを想定する議論について検討を加えておく必要がある。それはそもそも家族国家論の提唱者である井上哲次郎や穂積八束らの議論のうちに散見されていた。ちなみに、井上の場合、『教育勅語』の公布の翌年、一八九一（明治二四）年に出された『勅語衍義』に「且ツ一家ハ細胞ノ有機体ニ於ケルガ如ク、実ニ一国ノ本ニシテ、家々和睦スルトキハ、一国モ亦安寧ナルヲ得、若シ之レニ反シテ家々不和ノ人アルトキハ、優兆決シテ心ヲ一ニスルコト能ハザルガ故ニ、国力モ従ヒテ殺滅セザルヲ得ズ」(5)とあり、国家と家族との関係を有機体とその細胞との関係になぞらえている。また、「蓋シ、君主ハ譬ヘバ心意ノゴトク、臣民ハ四肢百体ノゴトシ」(6)のように、有機体としての国家の心を君主、身体を臣民に割り振ることによって、両者の機能分化の生来性を強調する試みも見られる。同様に、穂積の場合、一九〇〇（明治三三）年の『憲法の精神』において、「国家ハ民衆ヲ綜合シテ成ル。而モ機械的ノ合衆ニ非ズ。永遠公同ノ生命ト目的トヲ有スル独立自存ノ団体ニシテ、吾人ハ現在一時の組織分子タル者ナリ」[7]として、国家を機械論的メタファーではなく、有機体論的メタファーとして把握すべきことを主張している。

だが、より体系的に有機体論的国家論を提起したのは、加藤弘之であった。彼は四〇歳を過ぎて、当時のヨーロッパにおける有機体論的社会観を積極的に導入し、国体論に独自の色付けを施そうとした。それによると、有機体には三段階の発達があり、その一段階は「単細胞」、その二段階は「複細胞体」であり、これが通常の動植物とされ、それらが多数相集合して三段階の「複複細胞体」を生み出すとする。そのうち、下等なものの一例が蜂のような群体をなし、高等なものが国家をなす。「是等は皆第三段階有機体たる複複細胞体であるけれども、其最も進化したるものは即ち複細胞体たる人間が組成して居る所の複複細胞体たる国家である」[8]。加藤のこうした有機体論の提唱の意図は明らかであって、それは国家を人民主権者の合意の産物とする社会契約論への批判と、個人主義的イデオロギーへの批判を通じて、天皇制国家の正当化を目指すことにある。

ホッブズやルソーが国家の成立を社会契約から説き起こしたのに対して、「国家は決して左様なる人為的のものではなくして、矢張り単細胞体の衆多の集合から複細胞体の成立するのと全く同様なる道理で、複細胞体たる吾吾人間の自然的集合で以て成立したものである」[9]とされる。このように社会契約論を否定し、国家を有機的自然となすことによって、主権者としての個人のあり方も大きく変化する。すなわち、「既に論じたる如く、吾々複細胞体は国家なる複々細胞体を組成する所の細胞であって、其細胞としての本務を尽すのが即ち吾々人間が自己の固有性を完成する所以であるとすれば、吾々は必ず先ず国家の生存の健全、幸福のために尽さねばならぬのは言ふ迄もなきことである(10)」と、個人はあくまで有機的全体としての国家の器官に過ぎず、したがってその存在意義もまた全体への貢献にあることとなる。

そして、加藤はこの国家有機体論を「家族国家」へと連接せんとする。複細胞体である人民は、複細胞体たる国家の器官としての生来の本務を担っており、その国家が天皇制国家である以上は、天皇に対する忠義こそ、人民の本務にほかならない。しかしながら、わが国のように万世一系の皇室を戴く国家にあっては、朝廷と国家とは合一しているので、「朝廷に尽すのは即ち国家に尽すのであり、国家に尽すのは即ち朝廷に尽すのであるという道理になるので、忠君と愛国とは其語は二にして、其意義は全く一であることになるのである(11)」。

そして、加藤らのこうした国家有機体論と儒教的家族主義との連接によって「家族国家」論の完結を見るとしたのが石田雄の『家族国家観の構造と機能』である。「…『家族国家』観の特異な構造と機能は、外ならぬこの二契機を癒着吻合させることによって、はじめて成立しえたものであり、それによって一方では儒教的家族主義のもつ封建倫理としての制約をこえて、高度の独占資本主義時代にまで正統的イデオロギーとしての役割を果たし、他方では有機体論の招来しがちな感覚的反撥を阻止しえたのであ(12)」る。この「上から」の国家の絶対性の教化と、「下から」の家族主義的心情の援用とによる、絶対主義国家への自発的従属を目指したのが「家族国家」論であるというのが石田の論旨である。だが、この「上から」の有機体論的なメタファー的国家モデルの提示と、「下から」の家族主義的メトニミーの拡張による情緒的な国家統合の企てとは容易には連接不可能な試みであると考えられる。そもそも、前者は知識人による国体の正当化のための理論的枠組みの提示を目的とした西欧の国家モデルの導入の試みであり、それに対して「家族国家」観はわが国近代の国家統合のために人民の内発的な国家への求心力を引き出すべく独自に開発された方策の試みである。両者はその目的を異にし、したがって、その援用によって説得すべき対象を異にするものである。前者は当時の知識人ないし官僚層の説得を目指し、後者は近代日本のいまだ生まれてまもない無自覚な「国民」一般の国家的統合への吸引を目指すものであった。

この点に関しては、「家族国家」観の核心は庶民にとっての「家族」的共同性が、本来それとはもっとも遠隔の存在でしかなかった「国家」的共同性へと情緒的、内発的に吸引されるメカニズムであると指摘する色川大吉による石田批判は説得力を持っている。この「家族」と「国家」とをいかに結びつけるかの課題に対しては「この点でも石田雄氏より先生の方がはるかにスケールが大きかったようだ。石田氏がその接着剤に社会有機体論という舶来品をさがしだしてきたのにたいし、丸山氏は縄文以来の固有信仰にまでさかのぼり、日本人の思惟様式そのものをまで動員してきた。だが、それによってうまく説明できたとは思えない(13)」。色川によって失敗に終わったとされる丸山の「日本人の思惟様式」に基づく説明こそ(14)、その基底の認知構造にまで遡って本論が継承したいと思っている企てであるが、色川によれば、その試みは「舶来品」である「有機体論」的メタファーを援用した石田の試みには勝っていると評価されている。

（b）家族国家観の社会的背景

そこでまず、家族国家観が要請されるような社会的背景についてまとめておこう。この点についてはこれまでもいくつかの展開がなされてきている。そこでは二つの社会的危機が提示されてきた。ひとつは、近代化に伴う社会意識の変容に関する危機である。牟田によれば、川島武宜、石田雄、唐沢富太郎らはそれぞれ明治一〇、二〇、四〇年代における自由民権運動や社会主義思想、個人主義思想などの社会的潮流が趨勢を増した社会的統制上の危機の時期を家族国家観の芽生えとみなしてきた。[15]

ちなみに、日露戦争後の東京株式大暴落や足尾銅山暴動から明治四二年の恐慌の本格化と翌年の大逆事件にいたる状況下における（家族国家観の本格的な教育界における登場を示すとされる）第Ⅱ期国定教科書の編纂の意図について、唐沢は労働争議の頻発などとして台頭してきた社会主義思想を『明治精神』の鼓舞によって防止し、個人主義の台頭を「家」観念の補強によって防止しようとするものであった[16]と指摘している。

そして、もうひとつの危機が実体としての「家」の解体である。これは資本主義が本格化する明治三〇年代後半以降に顕著な社会変動として現れてきたが、いうまでもなく、維新以降の「廃藩置県」「秩禄処分」における大名や武家の解体、「土地永代売買禁止」の解除における農家の解体以来、家維持の「たが」はすでに外されていた。さらに、学制の公布は家維持のための幼年労働力の奪取のみならず学費の負担となり、徴兵制は成人労働力を奪い、地租改正は土地所有者への租税負担を生み出すこととなった。だが、家維持にとってのこうした困難は、同時に学制を通じての個人の立身出世への道を開くことを通じて「お家再興」への展望をもたらすこととなる。すなわち、実体としての家の解体から、理念としての家意識の醸成へと水路付けがなされることとなる。一八六〇年代末から九〇年代にかけて進行した個人主義的潮流の背後では「家」制度とその理念の補強が進められていたのである。[17]

こうして、二つの危機は、第一の危機に対して提唱された儒教的家族主義倫理を、実体的な家族の解体といった第二の危機をばねとして生み出された理念としての家観念の強化と結びつけることを通じて回避する筋道がつけられることになる。それを体現したイデオロギーこそ「家族国家」観にほかならない。石田雄はこの国家的統合と家族的危機との連接を近代化と社会心理的情動の流れのうちに見出そうとし、[18]鹿野政直はそこに戸籍制度によって定着された「家」の観念に支えられた、さまざまなレベルの「擬制化」の運動を見出している。例えば、「具体的な存在にとどまっていることから歩みだした『家』は、こうして人びとの思考にはたらきかけ、それを規制しまた誘導し、現実をおおいかくしはじめる。その場合、『家』のイメージがなにに擬制されたかは、必ずしも一つではなかった。いいかえれば複数の方向への擬制化がすすめられ、それが場合場合に応じて使い分けられた」[19]とされ、「国」の「家」への擬制（「家族国家」観）のみならず、村、企業、軍隊の「家」への擬制化や、モデルとされる「家」が旧武士層の、庶民から比べると「上流」家庭像であることなど[20]が検討されている。

また、「家族国家」観が国体論として盛んに議論され始めた日清戦争後の状況としては、戦争直前に治外法権が撤廃され、日清戦争に勝利し、欧米的な近代国家論に拘泥されることなく、日本独自の「家」的秩序と天皇制に基づいた国体論を展開することができるようになった対外的関係を挙げることができる。(21)

（c）家族国家観のメトニミー性

そこで、以上のような社会的要請を受けて登場してきた「家族国家」観の思惟構造に立ち入っておこう。一般に家族国家観とは「…国家をその形態においても、またその精神的支柱においても、『家族』との類比ないし拡大のもとで説明しようとする観念」(22)である。だが、この「家族」が国家の支柱として活用されるためには、「家族」は、国家の末端的な権力装置であるだけでなく、同時に家族的情緒を国家的規模に拡張することを通じて、国家への心情的求心性を生み出すことも目指されなければならない。前者が権力国家を支え、後者が天皇制国家の共同体的＝情緒的紐帯の基礎をなしている。それは、かつて藤田省三が天皇制国家の権力「装置」(apparatus)と「生活共同態」(Lebensgemeinschaft)の二重性格と指摘したものに対応している。(23)そして、藤田が国家の二重性として指摘した局面の、「家族」の側の二重性を想定することが出来る。ちなみに西川裕子は明治時代における「家」と「家庭」概念の二重性に注目して、それを「家」家族／「家庭」家族の二重性と名づけた。だが、それは「戦前家族は明治民法における『家』制度の戸主がひきいる『家』家族と、次男・三男がおもに都市部において形成する『家庭』家族の二重構造[24]」として、空間的、構成員的に区別されるものであった。この「いろり端のある家」と「茶の間のある家」とに実体的に区別されるこうした「二重性」は、しかしながら、当時の家族のうちに同時的に包含された「二重性」が、その一方に偏ることによって実体的に分化された現象であると考えることができる。この「二重性」の同居こそ日本の近代家族の特徴とみなすのは牟田和恵である。そこでは、濃密な情緒的関係が母子関係の中に醸成される一方で、父親が「家」権威の象徴として君臨する。母子はそうした「家」の犠牲者としてたち現れるのだが、「しかし母はあくまで『公』と『家』の規範の遵守者であって、この母との関係のゆえに子は『家』を破壊することができないのである。すなわち、このような『家』の二重の構造の中で、母子関係に基づく近代家族的心性は、逆に『家』を支える構造単位として、ひいては日本の前近代的国家体制を支えるものとして機能するのである[25]」。この牟田による「母と子」の情緒的家族関係が前面に出たものが西川の言う「茶の間のある家族」となり、父親＝家父長的な家族関係が前面に出たものが、同じく「いろり端のある家族」として実体化されることになる。だが、両者はいずれにせよ、日本的近代家族のうちの二重の契機にほかならないのである。

そして、こうした家父長的家族と国家の権力「装置」、また情緒的家族と国家の共同態的関係との両者を連続的に結びつける契機こそ、「祖先崇拝」にほかならない。伊藤幹治によれば、それは「…『家』の先祖の観念を拡張解釈することによって、天皇家の神話的先祖の傘下に『家』の先祖を収斂させて、国家的な規模の壮大な先祖のヒエラルキーを構築[26]」したものである。

そこで、この家族＝国家の二重性と、これらを結びつける「祖先崇拝」の論理のうちに伏在するメトニミー的論理の析出に移ろう。

①「家」と権力国家

「君臣といういわばたての支配関係を、親子というたての家族関係に結び合わせる方向は、じつは親子の関係を逆に君臣というたての支配関係に似せて造形しようとした天皇制国家の側の努力によっても、また促進された」[27]という事態は、明治の戸籍法に盛られた家族構成員間の「序列」意識のみならず、属地（住居）主義に支えられた「領土」観念の醸成と相俟って、「臣民」＝「国民」意識の普遍化をもたらすことになった[28]。

国家的権力関係の基礎を「家」的原理のうちに見出しうるとした筆頭は、穂積八束であった。有名な『民法出テ、忠孝亡ブ』（明治二四年）では「我国ハ祖先教ノ国ナリ。家制ノ郷ナリ。権力ト法トハ家ニ生マレタリ。不覊自由ノ個人ガ森林原野ニ敵対ノ衝突ニ由リテ生マレタルニアラザルナリ。氏族ト云ヒ国家ト云フモ家制ヲ推拡シタルモノニ過ギズ。権力相関ヲ指摘スルノ呼称ハ異ナルト雖皇室ノ嬖臣ニ臨ミ、氏族首長ノ其族類ニ於ケル家父ノ家族ヲ制スル、皆其権力ノ種ヲ一ニス」[29]。いわゆる「家」制度の主唱者である八束は、「家」をあくまで国家権力の基礎と位置づけるために、「家庭」家族ではなく、戸籍法に体現された「家」家族の関係を前面に押し出している。また、こうした国家と家とに一貫した権力関係は昭和の『臣民の道』（昭和一六年）では次のように表現されている。わが国の「家」は、欧米の夫婦中心の関係とは異なり、親子関係を軸として、家長中心の秩序をなしている。家長と家族、夫婦、親子、兄弟は各々の分をわきまえ、家の秩序を保持し、将来的に生まれてくる子孫もまた構成員として想定され、「祖孫一体」となった永続的な関係を構成する。「更に我が国の家は国に繫がるのをその本質とする。蓋し我が国に於いては、家は古代の氏より分化発展せるものであって、我等の祖先は氏の上を中心とし常に国家の職務を分担して天皇に奉仕したのである。されば氏は国に連なり、家には氏の伝統的精神が伝わってゐる。我が国が家族国家であるといふのは、家が集まって国を形成するといふのではなく、国即家であることを意味…(30)」すると。

むろん、こうした思惟は家族国家観を前面に押し出した国定第Ⅱ期修身教科書の叙述中にも見られる。「…神武天皇の御即位の年から今日まで二千五百八十余年になります。此の間、我が国は皇室を中心として、全国が一つの大きな家族のやうになって栄えて来ました。御代々の天皇は我等臣民を子のやうにおいつくしみになり、我等臣民は祖先以来天皇を親のやうにしたひ奉って忠君愛国の道に盡しました(31)」。

壬申戸籍における「家」が家長を「戸主」とし、戸長＝戸主といった行政末端機能を担うとともに、戸主を筆頭とした尊卑、長幼、男女の「序列」を明記し、下位より上位への「孝行」の徳目は、「家」のさらなる上位概念たる「国家」への「忠誠」へと連続させられることになる。ここに「忠孝一本」の規範が「家族国家」を支える徳目として全面化する。こうしたいわば儒教的な徳目は、儒教思想からの純粋な導入ではなく、むしろ、「家族国家」論の道徳的整備のために都合よく変容された上で借用されたものであった。[32] だが、それは戸籍上の自らの位置（住居、家名、親族の序列）を社会的アイデンティティとして受け取った「主体」（C）が、自らが所属し、馴染み深い、家父長的「家」を「参照＝準拠点」（R）として、ターゲットとしての「国家」（T）にアクセスするといったメトニミー的論理をいわば倫理的に「接続」し、「連続」させるための内面的契機として活用されるべく、徹底的に国民に教化されたものである。子の親、とりわけ父親への「孝行」のメトニミー的拡張はこうして臣民の天皇への「忠誠」と「自然的」に連続させられることになる。

②「家庭」と忠君愛国

他方、教育勅語発布（明治二三年）の翌年の井上哲次郎による『勅語衍義』では、「國君ノ臣民ニ於ケル、猶ホ父母ノ子孫ニ於ケルガ如シ、即チ一国ハ一家ノ拡充セルモノニテ、一国ノ君主ノ臣民ヲ指揮命令スルハ、一家ノ父母ノ慈心ヲ以ッテ子孫ニ吟咐スルト、以ッテ相異ナルコトナシ…」[33] とあり、「厳父・慈母」なる言葉の使用も見られる。親子の関係を君臣の関係に擬してはいるものの、「父母の慈心」ならびに男女の役割分担に基づく家族間の情緒を前面に出した説明になっている。

同様の解説は『国体の本義』（昭和一二年）中にも「親子の関係は自然の関係であり、そこに親子の情愛が発生する。親子は一連の生命の連続であり、親は子の本源であるから、子に對しては自ら撫育慈愛の情が生まれる。子は親の発展であるから、親に對しては敬慕報恩の念が生まれる」[34] として、親子間の情緒的絆の強調が見られる。

こうした「家庭」家族において前面に出される親子の情緒的絆にあって、注意すべき点は、第一に、それが子の教育に当たっての男女役割分担を前提としていることである。「男子は成長の後家の主人となりて職業を勤め、女子は妻となりて一家の世話をなすものにて、男子の務と女子の務とは其の間に異なる所あり」[35]とは、第Ⅱ期国定修身教科書の叙述であるが、「女子が内に居て一家の世話をなし、家庭の和楽を図るはやがて一国の良風美俗を造る所以なり。女子の母として子供を育つることの良否は、やがて其の子の人となりに影響し、延いては国家の盛衰にも関係するものなり」（同）と、家庭環境と子の教育といった「ウチ」＝「私」的領域における役割の重要性が強調されている。この第Ⅱ期以降の「母親」像はいわゆる「良妻賢母」イデオロギーに彩られ、「楠木正行の母」「水兵の母」をモデルとして軍国主義体制への動員をかけられることになる。一見すると、「良妻賢母」イデオロギーは前近代的、封建的な思想と思われがちであるが、それが近代家族の性別役割分業を支え、近代社会に適合的な思想であることが近年の研究でも明らかにされてきている。[36]そして、第二に、こうした「家庭」家族における情緒的絆は明らかに「家」家族における「親子」上下関係を支える「孝」とは異なり、家族の対等な情愛によって支えられている点である。[37]ちなみに、国定第Ⅰ～Ⅴ期教科書の家族形態の分析結果では、教材として取り上げられる二世代家族の率は九〇パーセント以上と圧倒的であり、しかも子の数は一人っ子が一番多く、典型的な「核家族」となっている。[38]そして、この「家庭」へと内閉した「私」的領域への「愛情」の取り込みと、それに基づく「再生産」の確保のために、近代家族の「愛情イデオロギー」（後に大正期の「母性愛イデオロギー」）が利用されたのであった。[39]国定教科書では明治二〇年代以降にこうした「新しい家族イメージ」（近代的核家族とその情緒的絆）が表面化してきた。その上で、第三に注意すべき点は、教科書をはじめとした明治のメディアにおける「皇后」の登場である。教科書では関東大震災時の「皇后陛下」による被災者の見舞いが取り上げられており、「…陛下は大そうおなさけ深くあらせられて、人々をよくおいつくしみになりました。大正一二年にくわんとうに大ぢしんがあった時、ごじしんでたくさんの着物をおぬいになって、困って居る人たちにたまはりました(40)」といった第Ⅳ期の修身教科書の記述は、赤子たる臣民に対する「慈母」としてのジェンダー役割を皇后が体現していることが伺われる。また、明治憲法発布の際のパレードにおいて史上初めて天皇、皇后そろって馬車に同乗し、それを描いた錦絵などの視覚的メディアを通じて、皇后は近代家族における女性役割規範である「良妻賢母」イメージを国家＝宮廷レベルにおいて確立することになった(41)。

以上の留意点を踏まえて、この「家庭」家族における親子間の「情緒的紐帯」と、君臣間における「情緒的」一体化とがメトニミー的論理によって連接されることになる。「家庭」家族における「子」＝主体（C）はその親、とりわけ参照＝準拠点（R）としての「母」との愛情を軸とした濃密な情緒的関係を構成している。その関係はメトニミー的に拡張され、天皇、とりわけ皇后＝対象（T）における赤子たる臣民への慈愛の関係へと連接される。「家」家族と父なる天皇との連接が「忠孝一本」といった儒教的規範にあったのに対して、ここでの連接は母子間の情愛＝母性愛といった情緒を媒介としている。

③祖先崇拝

「祖先教」を「家」および「国体」双方の精神的支柱として強調したのは穂積八束であったが、その後、祖先崇拝は家族国家観にとって不可欠な「メディア」とされてきた。[42] とりわけ、「家」制度の根幹にあるのは、祖先と子孫を結びつける「血統の継続」の観念にほかならない。そして、庶民の「家」の連続性だけでなく、それを皇室へと拡充し、連接する精神的支柱こそ祖先崇拝の観念である。井上哲次郎は庶民の「家」と皇室との連続性を表現すべく、「個別家族制度」と「総合家族制度」との区別を行った。「日本には家族制度が現在ありますが、その家族制度は二種類に区別して考えるが宜い。さうしないと混乱を来します。その二種類と云ふのは、一つは個別家族制度で、一つは総合家族制度であります[43]」。前者はいわば後者の「宗家」に対する「分家」の位置を占めるものとされ、「家」の祖先崇拝の精神はこの「分家」－「宗家」の縦の序列を貫徹するものとされる。[44] そして、この論理は昭和に至るまで一貫して「国体」の精神として活用されてきた。「わが国の孝は、人倫自然の関係を更に高めて、よく国體に合致するところに真の特色が存する。我が国は一大家族国家であって、皇室は臣民の宗家にましまし、国家生活の中心であらせられる。臣民は祖先に對する敬慕の情を以って、宗家たる皇室を崇敬し奉り、天皇は臣民を赤子として愛しみ給ふのである[45]」。祖先崇拝の精神を「家」と「国家」＝皇室との連接に活用することによって、「忠孝一本」の縦の序列も、「情愛」を絆とした親子の関係も、共に「家族国家」のうちに包摂することが可能となる。この（親への）孝と（国君への）

忠、ならびに（親の子への）「愛情」と（国君の臣民への）「慈愛」といったそれ自体としては直接連動しない規範意識や情愛を自然に連続させることによって、それらのメトニミー的連接を可能にする媒体＝メディアこそ、「祖先崇拝」の信仰にほかならない。

そして、この庶民のうちに普遍的に引き継がれてきた「祖先崇拝」「祖孫一体」の信仰＝心情をチャンネルとして、主体＝子孫（C）と参照＝準拠点としての親ないし祖先（R）との関係は、対象としての皇室＝宗家（T）へと無理なく、メトニミー的に拡張され、「忠君愛国」と家族的情緒の感情が赤子と皇室＝国体とを精神的に統合することになる。祖先崇拝の観念は家と国家、両者間の「融合・親和」を強化する上で有効に機能してきた。松本三之介は家族国家観にとって、祖先崇拝の観念の重要性を、①「万世一系」の国体観念が祖先崇拝の心情を通じて「同時に、国民の私的な生活秩序をとりまく観念のすみずみにまで浸透し、それを規律」すること、②祖先崇拝の観念が「家」の二重性（「家」家族の権力装置と、「家庭」家族の情緒的紐帯）を「包摂し融合するもの」であること。③「祖先崇拝という『家』の『たてのつながり』の強調をとおして、日本の国家は起源のうえからも構成のうえからも一大家族であることが説明される」[46]こと、の三点に渡って指摘している。「家」的家族と「家庭」的家族の二重性（権力と情緒）を共にメトニミー的に国家へと拡張することの「自然」さを実現しえたのも、庶民にとって「祖先崇拝」に支えられた「家」の存続への（すでに理念としてでしかなかったにせよ、また、そうであればこそ）意思が、庶民にとっての「アイデンティティ」のよすがとなっていたからであった。

第八章　家族国家のメトニミー的膨張

穂積八束や井上哲次郎に代表される、いわゆる「家族国家論」はその後の帝国日本の対外的膨張とともに変容をよぎなくされる。というのも、旧来の「家族国家論」による内外の民衆への支配と征服の隠蔽ならびに正当化の論理はそのままでは通用しないからである。このさらなる帝国主義的政策の拡張に際して、旧来の「家族国家論」を嚮導したメトニミー的様式はこの新たな状況に対していかなる適応をみせることになったのか。この家族国家論のさらなる拡張のうちに孕まれた日本的思考の基層に伏在するメトニミー的構造を析出しつつ、そこに起因する日本的思考の特質と限界について検討を加えることにする。

1　「家族国家論」の破綻

まず、家族国家論の典型的言説として、穂積八束の主張を改めて提示しておこう。「我建国ハ血族団結ノ基礎ニ成立シ、祖先崇拝ノ信仰ニ由リテ統一ス。父母ヲ同ウスル者ガ相依リテ家ヲ成ス、是レ社会ノ原始ナリ、其思想ヲ推拡シ、祖先ヲ同ウスル民族ガ始祖ノ神位ヲ崇拝シ、其威霊ノ下ニ相依リ、相倚リテ血族的団結ヲ成ス、是レ我民族建国ノ基礎タリ」。ここには、「父母を同じうする」家族によって「家」をなすことが社会の起源であり、その原理の「推拡」（つまりメトニミー的拡張）が「民族建国」へと至ること、ならびにその拡張を水路づけるのが「祖先崇拝の信仰」にほかならないことが指摘される。続けて、父母への敬愛と子孫への慈愛の情は、さらに遠い祖先から子孫の子孫へと及び、全体として「血族同和」の国家をなす。そして、「家ニ於ケル天賦ノ元首ハ父母タルガ如ク、国ニ於ケル天賦ノ主権者ハ民族ノ同始祖タリ。我万世一系ノ皇位ハ我民族ノ始祖タル天祖ノ霊位ニシテ、其直系ノ皇統此ノ位ニ即キ、天祖ノ威霊ヲ代表シテ天祖ノ慈愛セル其子孫ニ君臨ス(1)」。

だが、この穂積の血統を機軸とした家族国家論は日本のアジア進出と新領土の民に対する日本国家の正当性の論拠としては殆ど意味をなさないものである。こうした典型的な家族国家論の論拠に対する批判は一九一〇（明治四三）年の「日韓併合」以降の国体論の再編成の中から噴出してくることになるが、一八九五（明治二八）年の日清講和条約後の台湾領有をきっかけとした批判がすでに提示されていた。それが大西祝の『祖先教は能く世教の基礎たるべきか』と題する論考である。そこでは、すでに八束流の血統を基軸とした家族国家論の論拠に対する、海外へと膨張し始めた帝国日本の正当性の限界が指摘されていた。

大西の指摘は次のようなものであった。「今穂積氏の論に従へば君民同祖たるを以て我が国体及び我が国民道徳の基礎となすべきは明なり。而して之れを基礎となすことが、同祖ならぬ民人を我が国民の中に包含し易からざらしむることも明かなり。そは血統団結に重きを置くことの強きほど、血統を異にする者を同団結中に包含することの難かるべければなり」(2)。しかも、この血統のつながりは穂積の言うように人為をもって制御できるものではなく、今後の国家の海外への膨張にともなう血脈相異なる婚姻の増加とともに、それら子孫は祖を異にし、「君民同祖」を論拠とする国家統合の正当性は破綻せざるを得なくなる。そこで、この帝国的膨張を展開しようとする現在において、穂積氏の言うように、君民同祖を重視することは、わが国の膨張的国策とは相容れない。それは新領土の民を正しく位置づけるものではない(3)。また、こうした「血統団結」の掛け声に対して、新領土の民はどう対応すればよいというのかと問う。つまり、血統を基軸とした国民的統合を国体の原理とする限り、それは今後ますます発展膨張を遂げようとする帝国日本には不適応なものとならざるを得ない。そうした問題が提示されているのである。

また、その問題はさらに根本的な疑念を派生することになる。それは、血統団結を原理とした家族国家を旨とする以上、「厳密なる歴史的批評の結果として、我が国民の血液に如何なる人種の血脈を伝ふるか、如何なる意味にて我が国民は人種を同うすと謂はるべきか、果して皆同一祖の子孫なりと謂はるべきか、又如何程厳密なる意味にて其の祖を同うすと謂ひ得べきか」(4)が明らかにされなければならない。こうした旧来の国体論の限界に対して、いわゆる次世代の国体論者たちはいかなる理論化を試みたかを次に見ておこう。

2　国体論の再編

(a)　喜田貞吉《きたさだきち》

まず、日韓併合以来、盛んに論壇に登場することになる新たな国体論の、いわば民族学的なブレインとなった喜田貞吉の主張を見ておこう。彼は一九一八年の『日本民族概論』において、典型的な日本混合民族論を提示している。喜田によれば、日本民族は天孫種族のみから成るものではない。「日本民族は天孫種族と天孫種族に同化せられた土人との混淆から成り、外来の帰化人などもこれに融合している。日本帝国は天孫種族の国と土人の国との併合から出来ている」(5)。喜田はこの主張を言語学的学説と考古学的学説を活用することによって検証しつつ、隼人族、漢民族、アイヌ族といった先住諸種族の同化による融合から、日本民族の成立を導出している。喜田のこうした日本複合民族説は、いわゆる日本民族の成立過程における民族混淆を指摘することを通じて、実は当時の帝国の海外への膨張と他民族の同化の現況を正当化する論拠を打ち立てることになった。一九三八年の時点ではその意図は明確なものとなっている。今日、日本領国内にて籍を有する帝國臣民の中には様々な民族が混在している。「第一はもちろんいわゆる日本民族で、…次に琉球人は久しく母国から離れて別個の国家をなし、…第二に朝鮮民族は、古来朝鮮半島の住民として、その民族構成の要素は大体に日本民族と密接の関係があるのみならず、かつては相ともにわが国家の一部をなしていたのであった。…次に台湾島にあっては、往時シナ大陸より移住した本島人と、土着人たる高砂族とが住んでいる。彼らはともに日本民族構成要素の一をなす者と同一系統に属し、…」(6)といった具合に、帝国日本の現下の膨張はかつての日本民族の成立過程と同様の異民族の現在進行中の同化であるとされる。その結果、わが帝国内には多様な人種、民族の混在を見るだけでなく、日本民族そのものが、本来は異なった人種、民族の複合から成ったものであるが(7)、その複合とは中心無き単なる混合と考えるべきではなく、あくまで天孫種族へと他の民族が「同化融合」して成ったものとされる。喜田の民族学的提言は、血統を基軸として理論化された旧家族国家論が、海外への帝国的膨張の結果として拡張された領土内の異民族の臣民としての位置づけにおいて、その論拠を喪失し、内地と外地とを分断してしまった陥穽を、いわば内地の民族的構成を混合民族化することを通して、回復する機能をもたらした。それは一方では旧来の国体論を批判し——「往時の国学者などの間には、一種の愛国心の発露よりしてわが民族の純潔無比なることを説き、君民同祖説を熱心に唱えるものもないではなかった」(8)。だが、歴史的事実を振り返るなら、そもそもそうした主張には根拠がない。——、他方で血統上の祖先と家の祖先とを区別しつつ、祖先の概念を家の祖先へと拡大解釈することによって君民同祖論の拡大適用への道を切り開くことになった。というのも、家の系図を検索してみるなら、一個の祖先へと向かうようでも、事実上の血統は父母両系を通じて多様な枝線をなしているのが実態である。それゆえ、「血族と家系とは決して常に同一ではない」(9)とされる。こうした新たな民族学的知見を踏まえることによって、新たな国体＝家族国家論の再編成が推し進められることになる。

(b) 吉田《よしだ》熊次《くまじ》

この帝国的膨張期に広く健筆を振るった吉田熊次も旧国体論の限界を明確に意識しつつ、その再編を企てた論者の一人であった。「若しも我が民族が純一なる種族から出て居る所の同族のみであるならば忠は孝の大なるものと言ひ得るかも知れぬけれども、我國には確に異人種も他種族も這入って居るではないかと、斯う云ふ論が起るでありませう(10)」。つまり、旧来の国体論を前提とした国民道徳のあり方は、この帝国的膨張期にあっては、そのままでは理論的に通用しなくなる。そこで、改めて「国民道徳」を説くに当たって、国体論の再編こそが踏まえられなければならない。これが吉田の道徳論を説く上での前提課題であった。

そもそも日本民族中にも神別、皇別、蕃別の区別があり、前二者が大和民族として同種族であるにしても、蕃別は異種族と考えるほかない。歴史的事実からしても、三韓及び支那から多くの渡来人を受け入れ、古く古文書を扱った帰化人やアイヌ、熊襲など、血統関係というようなことを調べるなら、当然それらの雑種もまた存在すると、日本民族の混合性、雑種性を認めた上で、吉田は社会組織としての日本民族の一体性を強調する。すなわち、わが国は日本民族を構成する多民族の種族別を基本として成っているわけではない。むしろ、根幹にある大和民族を中心として、他種族を混和して成り立っており、かといって他種族を差別的に処遇することもない。「即ち我が国民は恰も一家族の如き感じを有し来つたのである。言換へれば観念の上よりすれば我が国民は皆皇室を中心とする所の同族となって居るのである。従って我が国の忠と孝とは其の心を一にするのである」(11)。吉田は血統上の民族といった狭い民族観念に限定されない、社会組織上の一体感に根ざした同族観念を基盤とした国体論の再編を目指したといえる。日本人が大和民族以外の異人種を混和させている事実があるにせよ、そうした人種差別的な国家、社会組織を作り出すのではなく、むしろ逆にそれら全体を同一族として社会組織が成り立っている。したがって、異人種であっても大和民族に同化し、その一員として生存してきたのであるから、国民意識という点からは、こうした他人種をも含む人民は、「血族的團體であるかの如き観念を以って生活して居ったといふのであります」(12)。

そして、こうした社会組織的な繋がりによって同族的団結を成立させている点に注目した国体論の再編が、新たな家族国家論として提示されることになる。「兎に角我が國は皇統と皇室といふものを中心として居る特殊の社会組織を持って居る」。そして、この「特殊の社会組織」として、家族と国家とは同様の団体として位置づけられることになり、「即ち特殊の家族的國家的組織を有する國柄であ」(13)るとされる。ここでは家族は血統的な関係というよりは、社会組織的な同胞の関係として理解されている。それゆえ、国民道徳のあり方は、わが社会組織に基づくものでなければならない。「而して我が社會組織の特質は所謂家族的國家主義で、國家を挙げて一團となし、同族の如くに相依り相助くることを理想と」するとされる。「即ち國民は皆同族である。皆陛下の赤子である」(14)として、異民族や異人種、外国人などの区別なしに「一視同仁」で国家を組織し、したがって相互に平等な関係を保持してきたとされる。

（c）亘理《わたり》章三郎《しょうざぶろう》

こうした吉田の国体論再編の意思を共有しつつ、さらに論理的に精緻化する試みが亘理章三郎によってなされた。ここでは『國民道徳本論』（一九二八）にしたがってその論理を跡付けておく。まず、新たな家族国家論の骨子が「皇室を拡大した家族国家」として提示され、その主要契機が三点に渡って指示される。すなわち、

「1、皇室が擴大して國家となった。
2、其の國家が如何に擴大しても、其の根本組織が常に家族的體制を持續して居る。
3、其の家族的組織は、常に萬世一系の皇室を中心とする。
といふことである。即ち、我が國家は家族其の者の成長擴大したものであって、常に萬世一系の皇統を、其の中心的生命とするといふことである」。そうした意味において、日本は「廣皇室の国家」であるとされ、その特徴は「1、皇統の一系　2、君民の同祖　3、家族的の體制[15]」にあることが主張される。

言うまでもなく、亘理の提示は旧国体論の血統を基軸とした理論構成と帝国的膨張との間の不適応に起因する陥穽を回避すべく意図されたものである。つまり、「広」皇室、「広」家族なる造語は、そこに幾多の異民族を歴史的に同化・包容してきたという事実を踏まえて新たな国体論を提示しようと

することを意味している。その際の主要課題は、血統的繋がりに基く家族国家体制と君民同祖との両者の関係は、帝国的膨張を遂げつつある当時の国家統合＝国体の原理たりえない以上、この点を如何に解決するかにある。吉田の場合、「我国固有の社会組織」に基く関係へと人民の関係ならびに君民の関係を拡張することで、この解決を目指した。亘理の場合も同様に、血統と（家族）組織との区別をもってこの問題に取り組んでいる。

旧国体論の論旨を踏まえつつ、君民同祖を唱えるにあたっては、血統中心に考えるなら、これまで様々な異民族を包摂してきた日本をそのままで「君民同祖」とすることはできない。それゆえ、君民同祖を血統のみから導出しようとすれば、旧国体論の陥穽にはまることになる。そこで、血統のみではない特殊な「家」組織のあり方に注目することになる。というのも、「家族は決して同一血統といふ関係からのみ成立するものではない、血統が重要なのと同じに其の體制といふことが重大な要件となるのである。夫婦は同一の血族でなくとも、其の家族といふ體制を有する社會を組織してゐる関係から、同一家族に屬する。兄弟姉妹は同一血族であるけれども、結婚等によって、他家の人となれば、我れと同一家族に屬しない(16)」。

そこから、「同祖」についても、血統上の祖先と家族（組織体制）上の祖先との区別を踏まえつつ、血統上の繋がりがなくとも、例えば代々夫婦養子によって家の継続を図ることが可能なように、家族上の祖先の考え方を通じて「君民同祖」が成立すると唱える。こうして、日本は父系家族の体制を存続させて今日に至っており、その中心となるのが皇統ということになる。そして、国家はそうした家の拡張されたものであり、この体制を神代以来保持し、その上で幾多の他民族をその中へと包容してきた。「故に、それ等の他民族の血統上の祖先は他に存するが、我が國民としての祖先は、皇祖・皇宗を始めとし、此の皇國を組織し来つた前代の日本民族である。そして、それ等の子孫は國民としては血統上にも日本民族の子孫である」[17]。その意味において、わが国が様々な異民族を包容しつつも、全体が家族的には「君民同祖」であるということができる、と。

亘理の精緻な理論化は、こうして皇国の成り立ちと、家族国家としてのあり方、そして君民同祖とをいわば矛盾なく組み込んだ新たな国体論の構築を目指したのであった。その上で、日本国家による他民族の同化・併合の歴史を西欧諸国による差別的な特殊奴隷階級の創出とは異なる、同胞、家族的包容の拡張とみなす。つまり、他民族との関係は「彼我両本位」と結合ではなく、「おほやけ」＝皇国内への新たなる家族の一員としての包容の形をとる。そして、その処遇としては、「當初から全く無差別平等に待遇したものではないが、…諸蕃系の人民に、高い身分を與へられ、官職に任ぜられたものも少なくない。蝦夷などは、文化の程度がよほど低かったから、初めの間は之を賤視したことも多かったやうであるが、之れとても絶對差別をつけたものではない」[18]として、「一視同仁の恩光」による無差別な同化とその結果を、包容力の広さとして誇らしげに主張する。

(d) 再編国体論の論理

以上、ごく典型的な国体論再編論者に的を絞ってその言説を紹介してきた。むろん、この時期の様々な国体論のヴァリエーションのすべてを扱うことはここでの課題ではない。帝国的膨張期の内地世論をいわば代表すると考えられる典型的言説のうちに孕まれている日本的思考の認知構造としてのメトニミー的論理を抽出することが当面の課題である。とりあえず、メトニミー的思考の三つの特質をここで再確認しておこう。それは、（1）視点の内在、（2）連続性、（3）情緒性であった。旧国体論の言説におけるこれらの特質についてはすでに前章において詳述してきた。それとの比較も含めてこの再編国体論における特質を見ておく。メトニミー的認知様式とは、直接の認知対象Tに対するアクセスが困難である場合に、その対象が属する同一概念領域内の、よりなじみのある（アクセス可能な）準拠＝参照点Rを経由して対象を認識するというものであった。そして、このR－Tの関係は「類と種」「作家と作品」「容器と内容」などといった同一概念領域内の近接し、連続した概念的関係であった。このことを念頭において、まず、（1）視点の内在、について見ると、旧国体論＝家族国家論では、臣民たる「主体」（C）は、自らが所属する「家」を準拠＝参照点（R）として、ターゲットたる「国家」（T）にアクセスしていた。そこでは主体の視点は準拠＝参照点たる「家」（R）に内在しており、家とそこに内属する自身との関係を、国家（T）と自身との関係に「なぞらえる」ことを通して、本来なじみのない国家（像）を把握することになる。同様に、再編国体論では、日本民族たる「主体」（C）は、自らが内属する日本国家（R）を準拠＝参照点として、本来なじみのない「外地」（T）という対象の把握を試みる。そこでは、あくまで「なじみのない外地」をそのまま、自身と対峙した独立の主体とみなすことはなく、自身への、あるいは自身が内属する日本国家への「同化」を通じて、いわば身内としてなじむことの出来る存在へと改変することを前提としてそれを把握せんとする。主体の視点は「内地」＝日本国家へと内属したままである。

また、（2）連続性について見ると、旧国体論では準拠＝参照点（R）たる「家」と対象（T）たる「国家」との関係は、血統的祖先を介して連続的に結び付けられた。いわば民衆の側の祖先崇拝意識に基づいて「君民同祖」論が浸透しえたわけである。だが、再編国体論では、すでに見てきたように、そのままでは血統的祖先の概念を介して「外地」と「内地」との間に「君民同祖」の関係は成り立たない。そこで登場したのが日本民族混合説にほかならない。日本民族がそもそも混合民族として、古来異民族、異人種を「同化」してきた歴史を背景とするなら、帝国的膨張の結果として新たに日本民族へと「包容」さるべき異民族、異人種＝「外地」と日本民族＝「内地」との間には連続性を保持することが可能となる。メトニミー的には、ターゲット（T）たる異民族＝「外地」を、準拠＝参照点（R）たる日本民族＝「内地」と「同一概念領域」へと引き込むために、従来の「単一民族」日本の国家像の方をターゲットの側に近接させたわけである。むろん、そうした民族論的方策は（ここではそれが学術的にどう評価しうるかは問題外であるが）「君民同祖」を基礎として国家的統合＝国体を維持しようとする意志を踏まえてとられたものであることは明らかである。しかしながら、こうしたいわば理論的構築に基づく再編国体論の企ての成否は、そうしたことを通じて、「外地」の民衆を、（3）情緒的に国家統合へと吸引することができるか否かに懸かっている。この点にこそ、帝国的膨張を遂げた日本国家の植民地政策の限界が露呈する問題が存する。というのも、いかに理論的に「外地」「内地」の連続性を保持しようと、その連続線を引くのは、あくまで日本民族＝「内地」（に内属した視点）の側でしかなく、内地の民衆と同様の（家の）祖先崇拝意識を保持しない外地の民衆にとって、その理論的に水路付けられた連続性は、日本国家の一員としての心情的吸引を伴うものではなかった。にもかかわらず、内地と外地との連続性を理論的に構築した再編国体論者たちに共有された一方的な「外地」＝異民族への心情的接近は、自らの（1）視点の内在に無自覚な日本的思考の限界をも露呈することになる。

ところで、こうした一連の「植民地」化に際してのメトニミー的「同化」の論理と対極的なのが、西洋（オクシデント）による東洋（オリエント）の「植民地」化の論理であることは容易に推察しうるところである。いかにも、後者はすでに触れてきたような印欧語の認知的枠組みである主客二元論を踏まえたメタファー的「異化」の論理である。その論理を明確に析出したサイードによれば、後者による「問題設定」は「東洋と東洋人とは、他者性——『主体』であれ『客体』であれ、まったく異なっているものとしての他者性——を、ただし構成要素としての、つまり本質主義的性格の他者性を、刻印された研究『客体』である」とみなしつつ、「この研究『客体』は、通例、受動的、非参与的で、『歴史的』従属性という性格を賦与され、とりわけ、自己との関係において非能動的、非自立的、非主観的である」(19)として正常なヨーロッパ人からは別の類型（ホモ・シニクス、ホモ・アラビクスなど）として差異化される。「というのも、オリエンタリズムとは、結局、現実についての政治的ヴィジョンなのであり、身うち（ヨーロッパ、西方、『我々』）と他人（オリエント、東方、『彼ら』）とのあいだの差異を拡張する構造をもつものだったからである」[20]。メトニミー的「同化」の論理とは対極的に、オリエンタリズムは西洋と東洋の「区別を極端に分極化して、異なる文化、伝統、社会に属する人間同士の出会いを制約する」[21]ものである。にもかかわらず、その間に何らかの関係（支配と従属）を構築しようとする限りは、相手を「知る」必要がある。「知る」こととは、「支配」することでもある（本来の精神的「同化」としての認識の本性）。自他、主客の対峙を前提とした認知戦略であるメタファー的認知がここに浮上する。すなわち「西洋人にとって、オリエント的事物は常に西洋の何らかの側面と似たものであった」[22]。オリエントの異質性、エキゾチックな官能性といったメタファー的表現の群れは、西洋に比べて劣ってはいるが、どこか類似したシンメトリックな関係として捉えられるものとされる。こうしたオリエンタリズムの「膨張主義」に潜在する「メタファー」的拡張の論理と対比することで、日本帝国の「メトニミー」的拡張の論理の異質性はいよいよ明白なものとなる。

そこで、次に、こうした内地の再編国体論者の主観的、一方的方策が、それぞれの「外地」の民衆に対してはいかなる意味をもたらしたか、そして、そのことに無自覚であり続けた日本的思考の限界は何かについて検討しておこう。

3 「同化」政策と心情

そこでまず、その後の「同化」政策のモデルとなったと考えられている沖縄のケースから見ておこう。すでにそこに「内地」の志向と「外地」たる沖縄の民衆との間の「同化」をめぐる典型的な齟齬が見られる。

(a) 琉球処分

沖縄では一八七九(明治一二)年の「琉球処分」以降、沖縄県として日本の一部へと組み込まれつつ、なお土地制度、地方制度、等において「旧慣温存」策がとられていた。そこに、日清戦争直前の一八九四年に「旧制度運用の実情と人心の傾向等調査」を実施すべく、内務書記官一木喜徳郎が現地入りし、報告書『一木書記官取調書』を上呈した。ここではその言説を対象に、いわば本土側の沖縄「同化」への姿勢をまず検討しておく。

一木はまず、沖縄人と日本人との民族的距離について、言語的には沖縄と大和のことばの語源はほぼ重なっているとし、「住居ニ至テハ家屋ノ構造ニ善悪ノ差アルノ外内地ト殆ト相同シ此ノ如ク言語風俗ヲニ同クシ同一人種属スルノ徴証歴々トシテ見ルヘキニ拘ラス…支那ヲ敬崇シテ動モスレハ本国ヲ離レントスルノ趣アルハ頗ル怪シムヘキカ如シト雖モ他ノ事情ヲ洞察スレハ敢テ奇トスルニ足ラサルナリ」(23)。一木によれば、沖縄人の言語、風俗は支那のそれに比べてはるかに内地に近いと考えられる。だが、それは後段の「支那ヲ敬崇シテ動モスレハ本国ヲ離レントスルノ趣アル」点を危惧し、それを牽制し、内地との同化を図る必要上、内地の側に引き寄せようとする配慮を含んでいると考えられる。一木にとっては、沖縄人の中になお支那へと志向する一部階層が存することこそが問題とされている。それは、かつての島津藩と支那との琉球に対する対応の違い、すなわち、支那が琉球に対して、その名誉を認めたのに反して、島津は武力を持って制圧を企てたとされる点で、琉球は内地への悪感情を抱いたとしつつ、「支那帰嚮ノ真ノ原因ハ此の点ニ在ラスシテ寧ロ旧慣ヲ保存シ其既ニ廃滅ニ帰シタルモノハ之ヲ復旧セントスルノ目的ニ存スルカ如シ」(24)とあるように、とりわけ「黒党」と呼ばれる清国への帰属をなお希望する旧支配層の一派による旧慣温存への固執は「自己ニ利益ナル旧慣ヲ恢服シ及保持スルヲ以テ唯一ノ目的トナスモノ」と考えられ、こうした勢力を従来どおりの旧慣温存策によって継続させることは清国との緊張関係の中でむしろ不安要因となると判断される。

そして、こうした旧慣温存策は旧支配層のみならず、一般民衆についても、その生活程度の低さとともに琉球時代以来の結髪、分身などの旧慣墨守を問題とし、この改革のために学校教育に注目する。というのも、「結髪ハ一般ノ風習ニシテ官吏教員高等小学以上ノ学校生徒等ノ外断髪スル者ナシ…人民ハ頗ル断髪ヲ厭ヒ高等小学ニ入レハ勢断髪セサルヲ得サルヲ以テ生徒ヲシテ入学セシムルヲ憚ル者アリ」(25)といったように、風俗上の旧慣のみならず、大和語にしても、それは学校教育の場において多少流通するに過ぎず、旧慣改変の可能性は学校教育にしか無いと考えられた。

そこから、一木の「沖縄人ノ頑迷ノ思想ヲ破リテ之ヲ内地ノ文明ニ同化セシムルハ教育ニ依ルノ外ナシ」[26]との提言が発せられることになる。だが、その「同化」のプロセスについては一木はそれほど楽観的ではなかった。というのも、学校の幼少時の生徒の場合には大和語の習得は著しく、生徒と教師、生徒同士のコミュニケーションでは大和語が使用されるが、いったん学校を終えるや、周囲はなお大和語を解する者少なく、結局本人も大和語の大半を忘れ去ってしまう。それゆえ、教育による同化は一代だけではだめで、数世代にわたる息の長い施策を要する。[27]

このように、一木の旧慣温存策の変革と大和語を中心とした教育による「同化」政策の提言は、対清国の緊張関係といった外交的状況を前提としたものではあったが、「内地ノ文明ニ同化セシムル」ために沖縄の伝統的慣習、風俗の一新をめざすものであった。いうまでもなく、日清戦争後、旧慣墨守派を含む沖縄民衆は日本政府による旧慣改革を受け入れ、児童の就学率も日清戦争前の一〇％台から戦争後（一八九六年）の三〇％台、一九〇六年の九〇％台へと急速に上昇することになる。この日清戦争勝利のインパクトが沖縄人にとって如何なる意味をもつものであったかについて、石田雄は、そもそも遅れて近代化＝文明化に邁進した島国日本の、「その『おくればせの天地なる帝国』のさらにおくれた『島国』である沖縄は、『駆け足進軍』をして、西欧に追いつけ追いこせという日本帝国の中央においつかなければならない」[28]といった当時の『琉球新報』の論調を紹介している。

いわゆる「大和化」としての「同化」策を講じる側と、講じられ、それを受け入れる側との落差は内面的な情動がらみの錯綜を生み出す。それを端的にしめしているのが太田朝敷の「同化」論であろう。朝敷は沖縄を代表する明治の言論人の一人であり、『琉球新報』を中心に啓蒙活動を展開した。

ここでは比屋根照夫による評論を中心に彼の「同化」論への対応を紹介しておく。比屋根によれば朝敷は「近代沖縄においてはじめて被治者の側から日本への『同化』を説いた」言論人であるとされる。それは明治三三年の講演における朝敷の一説、「沖縄今日の急務はなんであるかと云へば一から十まで他府県に似せることです。極端に云へばクシャメする事まで他府県の通りにすると云ふことです」、といったよく知られた言説によって示されている。いわゆる、この「クサメ」論はそれだけ見れば典型的な内地志向の「同化」論の受容と受け取られがちであり、またそのように解釈されてもきた。しかしながら、比屋根によれば朝敷の積極的な「異種異様の習俗」からの脱却と「国民的同化」への邁進といった沖縄社会の建設への志向はその背後に単純ならざる思念を含むものであった。それを比屋根はこう展開している。「太田にとって何よりも置県以降の沖縄は、『政治上の権力』に対抗し、自己の利益を主張する『社会上の勢力』が決定的に欠如していると認識された。しかも、その『社会上の勢力』を荷うべき旧士族首脳は、明治史上に於ける決定的に『重要の時期』に、琉球王国再興の見果てぬ『懐旧的迷想』の中を彷徨し、『社会上の勢力』の扶植、育成の努力を放棄した。その結果、遂に近代沖縄は『食客的生活』へと転落した。太田の言論人としての痛憤はここにあった」。この「食客的生活」とは、自らの郷里にありながら、その社会生活に関して何ら自発的な意見も意思も表しえず、外来者の指導、監督にすべてをゆだねる主体性喪失の事態にほかならない。そうした精神的隷属状態からの脱却のために、太田は内地への「同化」を迂回した主体性確立を目指したのである。

このように、太田の「クサメ」論に含まれる怨念とでも表しうる内面的な思いは決して単純かつ表層的なものではない。にもかかわらず、注意しておかなければならない点は、内地との平等、「食客的生活」からの脱却にとっての妨害要因が旧慣に依存しつつ、自己利益のみを追及しようとしていた旧士族層であり、その旧慣温存の打破と内地への積極的同化においてしか、その目的を達成しえないという認識において、それは一木の内地官僚の認識と重層したものであったことにある。いうまでもなく、太田の同化論の目的は一木が水路付けたような内地の言語、風俗との一体化といった表面的なこと（＝クサメ論）を貫通して、その背後にある思い――「いわば、外見的な〝近代化〟、『内地』化を達成することで、沖縄の地位の向上をはかり、『沖縄県民勢力発展主義』を実現しようとの構想であった。…朝敷は沖縄の歴史文化の尊重さえ主張している」(32)――、目的としての沖縄県民の近代的意識への覚醒＝「勢力発展主義」を実現する手段としての積極的「同化」が潜在しているのである。この表面的な積極的「同化」への志向を支える、内地との平等を「文明化」の達成として目指すという、いわば内面的な隠された抵抗意識といった相克にこそ注目しなければならない。むろん、一木のような立場および視点からは、太田の「同化」論は文字通り表面的に捉えられ、内地に対する自発的な服属の姿勢としか評価されないであろうし、いわゆる通説通りの「クサメ論」に終始するだけである。この「内地」＝征服者の視点に関する無自覚と、そこに起因する被征服者の内面的葛藤に対する無知こそが、一木ならびに通説の「クサメ論」解釈者たちに共有された日本的思考の限界であると言えよう。

（b）台湾領有

次に、一八九五（明治二八）年に下関条約によって日本に領有された台湾の場合を見ておこう。領有直後からの現地における十数年に渡る武力抵抗の末、一九二一（大正一〇）年に「法律三号」によって台湾の統治原則が「内地延長主義」として示されることになる。この意味するところは「内地延長主義」の両義性として指摘されている。つまり、一方では「一視同仁」のタテマエによって「内地」と同等に扱うかのような側面を持ちつつ、他方では「文明ノ程度、生活ノ状態等遽ニ同一ニスルコト能ハサレハ暫ラク漸ヲ以テ進ム」（原敬）といった「漸進的内地延長主義」という点で「同化」を前提とするものであった(33)。

ところで、こうした「内地延長主義」のモデルとされたのはいうまでもなく沖縄であった。「沖縄は長男、台湾は次男」という見方がそのことを示していた。だが、「日琉同祖論」のような歴史的前提を欠く台湾に対して「同化」政策を直接に適用することについては大きな障害が存在した。そこでは「君民同祖」をそのままでは適用できないからであった。しかしながら、台湾総督府の初代学務部長となった伊沢修二は再編国体論の理論構築を背景に、一視同仁に基づく天皇制の台湾教育への導入を目指した。その言説を見ておこう。

まず、明治二九年神田錦輝館にて開催された「国家教育社第六改定会」での演説から、「今の時は国家膨張の時である」として、台湾に向けた教育事業の課題についての言及がなされる。それは台湾をインドに対するイギリスや、安南に対するフランスなどのように、自国の利益のみを目的とした純粋な植民地として位置づけるか否かを、まず問い、そうではなく、台湾を日本の身体、日本の一部と位置付けるべき提言を打ち出す。そもそも台湾はかつてわが国の領土であったものを、騙されてオランダに摂取されたものであるとする。その意味でも、縁の深い國であるゆえに、それを単なる植民地にしようなどとは誰も考えはしない。「然らば台湾を日本化するは、目下必要の事業であらう。もし必要であるならば、教育を措いて、何を以って日本化するか」[34]。このように、台湾の領有のあり方についいては、これを西欧流の植民地として武力をもって統治するのではなく、あくまで「一視同仁」の建前に立って、日本民族への「同化」を主張する。しかしながら、その場合にはいわゆる内地としての沖縄などとは異なる事情が存在する点についても自覚的であった。「然るに我国体といふ一点に至りまするると、余程之は、台湾の人々には理解し難い所で、此主意を貫徹せしむることは中々骨の折れる仕事である」[35]と指摘している。いうまでもなく、血統的系譜を民族の規定に取り込んだ旧国体論の論法からは、台湾の「同化」そのものが不可能事とされてしまうからである。しかしながら、ここで伊沢は自らの立場として再編国体論の側にあることを表明する。つまり、日本国民を大和民族に限定するのは誤っており、また皇室の恩徳はそのように狭量なものではないと説き、続けてさらに再編国体論的解釈を持論とした修身教育の在り方を展開する。「一視同仁、世界各国の人民を子視せらるるもので、何人にても服従すれば、みな臣民であるので、何処へ持て行つても、此教育勅語の事は、相悖らぬといふ迄に深き御主意をこめられたものである。又歴史に依つて見ても、我臣民の中には、天祖降臨以来仕へ奉りて今日に至れるものは、無論多くありませうが、併し中古以来外国からして帰化した所の人といふものは、決して少なくない」[36]。そうした他民族の歴史的に蓄積されてきた業績は疑い得ないところであるから、台湾の如き新領土、領民に対しては、「一視同仁」の主意を貫徹することこそが要請される。伊沢はこうして台湾の民衆を歴史上の帰化人たちの前例と同じく、大和民族への「混合」「同化」を通じて皇室の臣民とすべきと説く。

さらに、明治二八年の『国家教育』第三三号の「明治二八年の教育社会」では「同化」＝「精神の征服」としてこう述べている。強権をもって新領土を制圧するのは、その秩序維持にとって必要ではあるが、それだけでは不十分であり、民心もまた離れるばかりである。「故ニ威力ヲ以テ其外形ヲ征服スルト同時ニ別ニ其精神ヲ征服シ旧国ノ夢ヲ去テ新国民ノ精神ヲ発揮セザルベカラズ。即チ之ヲ日本化セシメザルベカラズ。彼等ノ思想界ヲ改造シテ日本人ノ思想ト同化セシメ全ク同一ノ国民トナラサシメザルベカラズ。而シテ此ノ如ク彼等ノ精神ヲ征服スルハ即チ普通教育ノ任務ナリ」[37]。このように、「『一視同仁』的解釈に基づく天皇制をむしろ積極的におしだし、教育による文化統合の創出を重視」[38]した伊沢ではあるが、その「同化」策の本質は「精神的征服」であることを明確に認識した上での「包容」＝「同化」の推進を強調するものであった。いわば、内地と外地の差別の撤廃を（希望的期待として）唱えつつ、実は「同化」の本質として「精神的征服」を指摘するといった二重性を伊沢の議論は孕んでいた。それは台湾、朝鮮のそれぞれの「戸籍制度」の適用に反映されており、「台湾領有当初はもとより、文化統合への圧力が格段に強化された三〇年代後半以降においてすら、血統——正確には準血統としての戸籍——により区別される人間集団として、『内地人』『台湾人』『朝鮮人』というカテゴリーを維持・再生産し続けたといえる」[39]。

(c) 韓国併合

そして、対外的な「同化」論が日中戦争後の急進的な「皇民化」へと発展した朝鮮の場合に、その「同化」の論理の日本的特性が顕著に発現する。ここでは「韓国併合」を中心に見ておこう。「善意の混合民族論」者[40]と評される喜田貞夫は、一九一〇(明治四三)年の日韓併合の年に『韓国の併合と国史』といった論稿を刊行した。そこでは、熊襲、隼人、蝦夷、土蜘蛛といった異種族がかつて日本に存在していたこと、だが大和民族は彼らを差別、虐待することなく、これを「同化融合」し、大国としての襟度を示してきたことが述べられている。そして、その後、「彼等は悉く大和民族に同化し、跡を大和民族中に没してしまったのである。而して、もはや劣等種族として區別さるることなく、全く他と隔てなき忠良なる日本国民として、幸福なる生活を送って居るのである」[41]。これは彼の持論である混合民族説を背景としつつ、「善意」と評されるような差別無き「同化」の過去と自らの希望とを踏まえた併合の意味づけを試みたものであった。

その上で、「日韓もと同一であるとの事は事實[42]」であり、今回の併合はそうした太古の姿に立ち戻るにすぎない、との歴史的位置付けを踏まえて、再編された新たな「家族国家論」の枠組みへと韓国を組み込む。「韓國は實に貧弱なる分家で、我が國は實に富強なる本家」である。そして、この分家には財力も政治力もなく、近隣諸国から脅され、虐げられ、憐れむべき状態にあり、家内的にも多くの問題を抱えているとされる。これに対して、本家のほうは、近代化路線をひた走り、一家はますます裕福になり、物質文明の進展や交通機関の発達などを見るに至っている。「そこで当當人も復歸を希望し、本家も喜んで之を引き取ったのが、即ち韓國併合である。即ち、久しく分立して居ったものが、一朝にして本家の家庭の人となつたのである」[43]。言うまでもなく、こうした議論が内地向けのものであったことは明らかである。韓国に対する内地の位置づけを「植民地化」や征服といった差別的な権力的抑圧によるものではなく、あくまで歴史的にかつての家族であったものが復帰した、同胞の関係であることを強調するものである。この貧しく哀れな元家族である彼らの労をねぎらう必要がある。「畏くも今上天皇陛下は、韓國併合に際して其の人民の為に租税を免除し、罪囚を特赦せらるるの非常なる恩澤をお與へになつた。我等帝國民は、此の聖旨のある所を服膺して、少しも彼等を分け隔てすることなく、速かに彼等を同化融合せしめねばならぬ。彼等は又、…もはや帝國に復歸した上は、早く一般國民に同化して、同じく天皇陛下の忠良なる臣民とならねばならぬ」[44]。こうして、韓国人も大和民族の本家に対する分家として、家の系譜上から「君民同祖」の関係に組み込まれ、「忠良なる臣民」の位置づけを与えられることになる。喜田は韓国人の「同化」は日本国家にとって領土、領民の拡大といった点で喜ぶべきというだけでなく、韓国人にとってもまた幸福の道であることを説く。かの三・一独立運動に関しても、一九一九年の『朝鮮民族とは何ぞや』において、こう評価している。朝鮮民族がその言語、風俗、習慣を改め、大和民族へと同化することが彼らにとっても、その将来を見据えるならば不可欠な条件であり、ただ、その余りに急激な同化策が今回の「暴動」の一因であるとしても、同化それ自体の重要性は決して衰えるものではない。「幸いにその同化が実現されたならば、これはただに帝國のために幸福なるのみならず、また実に彼ら自身の福利を増進すべきゆえんであらねばならぬ(45)」。この喜田の同化論は同化されるべき相手との平等な一体化を自覚的に進めるという点において、そして、そのことが相手にとって、日本民族からの差別を唯一回避しうる道であることを念頭に置いた上での方策であるという自覚を踏まえたものであるという点で、差別主義的な通常の同化論者とは対照的であった。被差別民の同化による解放を主張したのも同様の立場からであった。つまり、「喜田の場合、言語・風俗や血統だけでなく、地位待遇や諸権利も『同化』することが理想とされていた。喜田にとってそれらは不可分のものであり、平等化を伴わない同化の強制を志向していたのでないことはたしかである。その意味で彼の同化論は、良心的性格をもっていた(46)」と評価される。だが、当の喜田を前に、当時の京都大学の朝鮮人卒業生が「同化」の語ではなく「融和」の語を使用してほしいと訴えたという小熊の紹介(47)は、喜田の「良心」がいかに主観的、一方的なものでしかなかったかを表明するものである。それは「韓国の併合と国史」においても見られる姿勢であるが、同化の主体（日本）の視点をそのままに、その客体（韓国）を位置づけ、その劣等的地位に対する（蔑視ではないが）同情と、劣等的地位であるが故の差別への非難を唱えるものであった。確かに通常の差別的「同化」論と比較した時、それを「良心的」と評価することは可能ではあるが、その視点の日本国家への埋没とそのことに関する無自覚は明らかであって、「同情」といった心情もまた、そうした視点から派生するものである点に注意しなければならない。それらは再編された「家族国家論」への包容としての「同化」がいわゆる西欧流の権力的植民地化とは全く異なるものであることを誠実かつ真剣に思念していたからであろう。

同様の姿勢は亘理にもあてはまる。韓国併合など、歴史的な異民族の包容（同化融合）策は、イギリスが近隣を併合して大ブリテンとなり、さらに連合王国をなした場合のように、本体そのものが大きく変容するような西欧型の植民地化とは異なっている。大和民族は、「神代ながらの國體を少しも變ずることなくして」その周辺を同じ家族のごとくに包容してきたという。「しかも、それは日本民族本位に考へての事ばかりでなく、それ等新兄弟から考へても、當然の最上道と思はれる。且つ、その将来の同化如何は別問題として、我が國家が朝鮮・臺灣等の新領を包容したままで、その全體が擴皇室の家族的國家であるといふことは、家族といふ社會の體制の観念から、よく説明し得られる所である」(48)。亘理による再編国体論の趣旨からするなら、新家族国家論への台湾、韓国の包容＝同化は日本国家の歴史上極めて必、当然の帰結ということになる。亘理はそれを心情的というより、論理的に説得力をもって展開しきろうとしている。

さらに、大正デモクラシーのリーダー的存在とされる澤柳政太郎の場合は、喜田と同様、その教育者的「良心」のゆえの心情的発露を見ることができる。一九一六（大正五）年の『新領土民に対する附支那人に対する態度』では、喜田と同様に差別的同化への批判的見解が提示されている。「今は、朝鮮も、臺灣も、南樺太も、わが領土であって、これ等の領土の住民は、厳然たる大日本帝國臣民である。上御一人より見れば、等しく赤子であり、我等より見れば、等しく同胞である」。同胞である以上は、彼らを劣等視し、軽侮的な態度をとるべきではない。にもかかわらず、一般内地人の彼らに対する態度は極めて軽侮的である。しかしながら、今や朝鮮人は日本国民であり、我等の同胞である以上、そうした態度は慎まなければならない。「若し内地人が此思想を變更せざる時は、所謂朝鮮の同化の如きは、其實現を期することは出来ない。何故なれば内地人が朝鮮人を侮蔑して居て、それで朝鮮人に對して、純然たる日本人になれと云ふのは矛盾である」(49)。むろん、こうした朝鮮人を同胞扱いする前提となるのは、再編国体論的な民族観にほかならない。「日韓併合」に際しての「所感」において、澤柳は「思ふに世界に於ける人種の内我が日本民族に最も近邇せるものを求むれば即ち朝鮮人なり、之を朝鮮人の側より云ふも地球上彼と最も近似せる人種は我が日本人なり」と指摘し、その上両者は「同語」と言える関係にあり、「されば二千年来の歴史上の関係を有する以外、人種の最も接近し、言語の最も類同せる両國民が茲に同一の主権の下に立ち同一の國家を為すに至れるのも誠に自然の成行なりと云ふべし(50)」と評価している。そうした同胞関係を踏まえて「上御一人より見れば、等しく赤子であ」るといった家族国家への包容が成り立つことになる。そして、この併合の意味について、彼は、二千年もの朝鮮の歴史は、完全な独立を達成することの不可能さを証明するものでしかないと評価する。したがって、明治四三年の日本への併合は、むしろ将来的には日本国家の一員として初めて自立への途を達成する可能性を持つことになる。そこで、「朝鮮は併合によって始めて前途に希望を抱くことが出来るやうになつたと云うてよい。それを日本より云へば我隣國の朝鮮をして、前途の望みなき不完全なる獨立若しくは半属國の歴史を繰り返すことを止めさせ、前途に希望を抱かしむる道をとつたと云ふことが出来る」[51]。これは喜田の日本＝本家、朝鮮＝分家の家族的関係を踏まえての、哀れで不幸な分家に対する本家による保護ないし包容を是とする論理に重なる発想に他ならない。家族国家論が目指す心情的な国家への求心力が、親の子、子の親への情愛の投影であることは前章において明らかにしてきたが、この再編家族国家論においては、いわば外地の異民族を日本民族の家族員に擬することを通じて、親＝日本の、子＝台湾、朝鮮への情愛を喚起することが目指されているといえる。それゆえ、澤柳は上記の併合観を踏まえて、心情的議論を展開する。彼らの現在置かれた状況のゆえに、彼らの素質は別としても、その能力や慣習など、内地人と同様に評価し、敬意をもつまでには至っていないのはいたしかたのないところである。「即ち自分は朝鮮の現状竝に過去に對して衷心より同情を寄すると共に、日本國民は朝鮮人に同情し、これを扶掖誘導するのは、日本人の義務であると信ずるものである。…内地人が衷心より誠意誠心彼に同情を寄する時には、大多数の朝鮮人は、これに動かされて、以って同化の時期を早めるに至る事は、疑ひないと信ずる」[52]。この「誠意誠心」の一方的な「同情」によって、非征服者たる朝鮮人がそれに「動かされ」同化へと自発的に赴くに違いないといった児戯にも等しい心情論をもっともらしく唱えることが出来るためには、すでに触れてきたような、自己の主観的、日本国家へと埋没しきった内在的かつ一方的視点への無自覚が前提とされなくてはならない。それは、いわば親の子への盲目的情愛（それは決して子のためになるとは限らないものであり、子にとってはかえって迷惑なものであるかもしれない）がそうであろうような、客観的には一種の自己愛（ナルシシズム）の裏返しでしかない無自覚な心情の吐露なのである。

そして、こうした内地の側の「同化」論の提唱に対する「外地」の側の受け取り方は、かつての沖縄の太田朝敷の場合がそうであったように、極めて逆説的な受容たらざるを得ないものであり、しかも、その真意については「内地」人はほとんど無自覚極まりなかった。それを宮田節子は二つの「同化」論として提示している。朝鮮の日本への同化としてスローガン化された「内鮮一体」論について、宮田はこう述べている。当時の朝鮮で唱えられた多様な「内鮮一体」論を整理すると、「基本的には次の二つの立場に分け得るのではないかと思う。一つは日本人側が提唱した同化の論理としての『内鮮一体』論であり、他の一つは朝鮮人側が提唱した『差別からの脱出』の論理としての『内鮮一体』論である。全く二律背反する論理が、『内鮮一体』の中にこめられようとしたのである。『内鮮一体』論の本質的矛盾は、ここにあった[53]」。宮田はその代表例として玄永燮（ヒョンヨンソプ）を紹介している。「玄によれば、現在ある日本人と朝鮮人との民族差別は、民族の相違に由来する。だから『朝鮮人が完全な日本民族となつて、内鮮の区別がなくなる時、この差別はなくなるだろう』。したがって玄が『差別からの脱出』を強烈に求めれば求めるほど、朝鮮固有のものへの否定がより徹底化して行くことになり、ついに一九三八年には、玄は直接、南次郎に向かって、『内鮮一体』実現のためには『朝鮮語使用の全廃』（『毎日新報』一九三八年七月七日）をさえ、具申しているのである[54]」。こうした「差別からの脱出」としての「同化」論のあり方は、沖縄における太田による「クサメ」論を彷彿とさせるものである。旧慣温存に対する改革を自発的に推し進めることを通じて、内地による差別と排除に抗する逆説的な対策として、この被差別者側の同化論は重なり合っている。だが、こうした表面的な同化の受容の背後に隠された逆説に関する内地側の自覚は極めて乏しく、それは内地＝日本人特有の視点の取り方に規定されていたと考えられる。すなわち、それこそが、日本的思考としてのメトニミー的原理に孕まれた限界なのである。(55)

あとがき

本書は、前著『ヒト・社会のインターフェース』（法政大学出版局、二〇〇五）のいわば応用編として、日本の社会文化を対象として分析を試みたものである。前著の段階では認知言語学や認知意味論の詳細についてはなおフォローしていなかったが、前著上呈後に、そうしたレトリカルな認知構造を基底とした社会文化的な上部構造の理解を具体化する可能性に注目して、一連の日本の社会文化分析を試みてきた。いくつかは東洋大学社会学部『紀要』に掲載した論考をベースにしたものだが、かなり手を加え、しかも大半は今回の書き下ろしである。

この間、不慮の災厄ゆえに数年前から障害を持ち、その上、脳出血の後遺症を持つに至ってしまった妻、郁子の在宅介護のため、授業や会議で白山につめるほかは、自宅ダイニングの中央のテーブルを挟んで、車椅子の郁子と対面しながらの日常に切り替わった。郁子の時折見せる柔らかな笑顔を眺めながらの日々はそれなりに充実したものであるが、こちらのほうが運動不足で、外出日の深夜にはいく度となく「こむらがえり」に襲われて睡眠不足にもなってしまうのには閉口した。こうした生活の変化ゆえに、断片的な時間は取れるものの、長時間にわたる集中した作業は不可能となった。それゆえ、今後は郁子の生活リズムとパターンに合わせた作業を継続してゆくつもりである。とりわけ、昨年七月に郁子が脳出血で倒れて以降、今日まで、実に多くの方々のお世話になり、また今後もお世話いただくことになるが、そうした態勢を整備し、日々維持していただけることで、今回のような書物の上呈に繋げることができた。いちいち名を挙げることはしないが、郁子および私の日常を支えていただいているヘルパー、看護師、家政婦、往診の医師、歯科医師、リハビリの先生、ケアマネ、そして、私たちの友人、職場の同僚、さらに教え子たちなどの暖かい理解や献身的な協力がなければ私たちの落ち着いた日々は成り立たなかったであろう。この場を借りて深甚なる謝意を表したい。本書を妻、郁子に捧げる。私の大切な心の支えであり続けてほしい。そして、最後になったが、本書にこのような刊行のチャンスを与え、励ましと思いやりの心で対応してくれた、みすず書房営業部の田﨑洋幸氏ならびに編集部の島原裕司氏に心から深謝したい。

二〇〇九年二月　鳩ヶ谷の自宅にて

小林修一

小林修一
日本のコード
〈日本的〉なるものとは何か

2009年 2月20日 第1刷発行
2018年 6月 4日 第4刷発行

発行所 株式会社 みすず書房
〒113-0033 東京都文京区本郷2丁目20-7
電話 03-3814-0131(営業) 03-3815-9181(編集)
www.msz.co.jp

本文印刷所 萩原印刷
扉・表紙・カバー印刷所 リヒトプランニング
製本所 誠製本

ISBN 978-4-622-07446-5
[にほんのコード]

著者略歴

(こばやし・しゅういち)

1951年，東京生まれ．1982年，法政大学大学院社会科学研究科社会学専攻博士課程修了．現在，東洋大学社会学部名誉教授（社会学博士）．専攻：社会学理論，文化社会学，社会学思想．著書：『現代社会像の転成——マンハイムと中心性の解体』（法政大学出版局 1988），『メディア人間のトポロジー——身体・メディア・空間の社会史』（北樹出版 1997），『ヒト・社会のインターフェース——身体から社会を読む』（法政大学出版局 2005），共著書：『〈情報〉の社会学』（福村出版 1994），『テキスト社会調査』（梓出版社 2005），訳書：『テクストとしての社会——ポストモダンの社会像』（R．H．ブラウン著／共訳，紀伊國屋書店 1989），ほか．

文献一覧

【1】 F. Nietzsche, *Wille zur Macht*, 1906.（ニーチェ「権力への意思」下，原佑訳『ニーチェ全集 12』理想社，1980）

【2】 J. Piaget, *La naissance de l'intelligence chez l'enfant*, 1948.（ピアジェ『知能の心理学』波多野寛治，滝沢武久訳，みすず書房，1967）

【3】 S. Kofman, *Nietzsche et la metaphore*, 1983.（コフマン『ニーチェとメタファー』宇田川博訳，朝日出版社，1986）

【4】 I Matte-Blanco, *Thinking, Feeling and Being*, 1988.（マテ・ブランコ『無意識の思考』岡達治訳，新曜社，2004）E. ライナー，D. タケットの概説「マテ・ブランコによるフロイトの無意識の再定式化と内的世界の概念化についてのイントロダクション」

【5】 佐藤信夫『レトリック感覚』講談社，1992.

【6】 C. Levi-Strauss, *Le totémisme aujourd'hui*, 1962.（レヴィ＝ストロース『今日のトーテミズム』仲沢紀雄訳，みすず書房，1970）

【7】 上野佳也『こころの考古学』海鳴社，1985.

【8】 S. mithen, *The Prehistory of the Mind*. 1996.（S. ミズン『心の先史時代』松浦俊輔，牧野美佐緒訳，青土社，1998.

【9】 尼ヶ崎彬『ことばと身体』勁草書房，1990.

【10】 菅野盾樹『新修辞学』世織書房，2003.

【11】 M. Johnson, *The Body in the Mind*. 1987.（M. ジョンソン『心のなかの身体』菅野盾樹，中村雅之訳，紀伊国屋書店，1991）

【12】 谷口一美『認知意味論の新展開』研究社，2003.

【13】 菅野盾樹『恣意性の神話』勁草書房，1999.

【14】 N. Elias, *Engagement und Distanzierung*, 1983.（N, エリアス『参加と距離化』波田節夫訳，法政大学出版局，1991）

【15】 苧坂直行編『感性のことばを研究する』新曜社，1999.

【16】 牧野成一『ことばと空間』東海大学出版会，1978.

【17】 金谷武洋『英語にも主語はなかった』講談社，2004.

【18】 川田順造『聲』筑摩書房，1988.
【19】 牧野成一『ウチとソトの言語文化学』アルク，1996.
【20】 大野晋『日本語の文法を考える』岩波書店，1978.
【21】 瀬戸賢一『空間のレトリック』海鳴社，1995.
【22】 池上嘉彦『「日本語論」への招待』講談社，2000.
【23】 中村雄二郎『場所（トポス）』弘文堂，1989.
【24】 山梨正明『比喩と理解』東京大学出版会，1988.
【25】 A. Berque, *Vivre l'espace au Japon*, 1982.（A. ベルク『空間の日本文化』宮原信訳，筑摩書房，1994）
【26】 F. Ungerer and H. Schmid, *An Introduction to Cognitive Linguistics*, 1996.（F. ウンゲラー，H. シュミット『認知言語学入門』池上嘉彦訳，大修館書店，1998.
【27】 大塚英志『物語消滅論』角川書店，2004.
【28】 金谷武洋『日本語文法の謎を解く』筑摩書房，2003.
【29】 G. Lakoff and M. Johnson, *Metaphors We Live by*, 1980.（G. レイコフ・M. ジョンソン『レトリックと人生』渡部昇一，楠瀬淳三，下谷和幸訳，大修館書店，1986）
【30】 野内良三『レトリック辞典』国書刊行会，1998.
【31】 芳賀純，子安増夫編『メタファーの心理学』誠信書房，1990.
【32】 野内良三『レトリック入門――修辞と論証』世界思想社，2002.
【33】 小林修一『日本語における《話し手》の位相と主体性』（東洋大学社会学部紀要　43-2，2005）
【34】 佐藤信夫『レトリックの消息』白水社，1987.
【35】 野内良三『レトリックと認識』日本放送出版協会，2000.
【36】 瀬戸賢一『認識のレトリック』海鳴社，1997.
【37】 瀬戸賢一『よくわかる比喩』海鳴社，1986.
【38】 菅野盾樹『新修辞学』世織書房，2003.
【39】 李御寧『「縮み」志向の日本人』学生社，1982.
【40】 駒木敏「枕詞――その始原性から和歌的修辞法への位相」（和歌文学会編『論集　和歌とレトリック』笠間書院，1986. 所収）
【41】 金谷武洋『日本語に主語はいらない』講談社，2002.
【42】 金谷武洋『日本語文法の謎を解く』筑摩書房，2003.
【43】 森田良行『日本語の視点』創拓社，1995.
【44】 森田良行『日本語文法の発想』ひつじ書房，2002.

【45】 山口明穂『国語の論理』東京大学出版会，1989.
【46】 山口明穂『日本語の論理』大修館書店，2004.
【47】 池上嘉彦『「する」と「なる」の言語学』大修館書店，1981.
【48】 荒木博之『やまとことばの人類学』朝日新聞社，1985.
【49】 中島文雄『日本語の構造』岩波書店，1987.
【50】 E. Ortigues, *Le discourse et le symbole*, 1961.（E. オルティグ，宇波彰訳『言語表現と象徴』せりか書房，1970）
【51】 野口隆『古代日本人の思考様式』葦書房，1992.
【52】 伊藤益『日本人の知』北樹出版，1995.
【53】 高取正男『日本的思考の原型』講談社，1975.
【54】 E. T. Hall, *Beyond Culture*, 1976.（E. T. ホール，岩田慶治，谷泰訳『文化を超えて』TBS ブリタニカ，1979）
【55】 岩田慶治『コスモスの思想』岩波書店，1993.
【56】 立花直徳「〈認識論〉――歌の言語＝黒人と認識論」（犬飼公之，緒方惟章他『古代のコスモロジー』おうふう，2000. 第 3 章）
【57】 高橋進『人倫の理法』大明堂書店，1981.
【58】 小林修一『ヒト・社会のインターフェース』法政大学出版局，2005.
【59】「日本社会論のパラダイム再考」（『東洋大学社会学部紀要』第 42-1, 2
【60】 時枝誠記『国語学言論』上下，岩波書店，2007.
【61】 坂部恵『仮面の解釈学』東京大学出版会 , 1976.
【62】 中村雄二郎『場所（トポス）』弘文堂，1989.
【63】 宇津木愛子『日本語の中の「私」』創元社，2005.
【64】 鶴見俊輔「思想」（久野収，鶴見俊輔編『思想の科学事典』勁草書房，1969. 所収）
【65】 神島二郎『日本人の発想』講談社，1989.
【66】 森田良行『日本人の発想，日本語の表現』中央公論社，1998.
【67】 籾山洋介『認知意味論のしくみ』研究社，2002.
【68】 中村元「日本人の思惟方法」（『中村元選集』3 所収）春秋社，1989.
【69】 柄谷行人「文字の地政学」（『定本　柄谷行人集』第 4 巻，岩波書店，2004. 所収）
【70】 芳賀矢一「国民性十論」（生松敬三編『三宅雪嶺，芳賀矢一「日本人論」』冨山房，1977. 所収

【71】 丸山眞男『日本の思想』岩波書店，1961.
【72】 丸山眞男「歴史意識の古層」（丸山眞男『忠誠と反逆』筑摩書房，1992. 所収）
【73】 相良亨『日本の思想』ぺりかん社，1989.
【74】 黒住真『複数性の日本思想』ぺりかん社，2006.
【75】 大野晋「日本人の思考と日本語」（『文学』1967, 12, vol. 35. 岩波書店，1967）
【76】 田山花袋「露骨なる描写」（稲垣達郎，佐藤勝編『近代文学評論大系』第 2 巻明治期Ⅱ，角川書店，1972. 所収）
【77】 小栗風葉他「「蒲団」合評」（吉田精一，和田謙吾編『近代文学評論大系』第 3 巻明治期Ⅲ，角川書店，1972. 所収）
【78】 田山花袋「小説作法」（『定本　花袋全集』第 26 巻，臨川書店，1995. 所収）
【79】 尾形明子『田山花袋というカオス』沖積舎，1999.
【80】 Irmela Hijiya-Kirschnereit, *Selbstentblößungsrituale: Zur Theorie und Geschichte der autobiographischen Gattung, Shishosetsu, in der modernen japanischen Literatur*. 1981.（イルメラ・日地谷＝キルシュネライト，三島憲一他訳『私小説――自己暴露の儀式』平凡社，1992.）
【81】 田山花袋「「生」に於ける試み」（文献【76】所収）
【82】 岸規子「田山花袋作品研究」双文社出版，2003.
【83】 M. Foucault, Qu'est-ce qu'un auteur?, 1969.（M. フーコー「作者とは何か？」清水徹，小西定彦訳，『エピステーメー』創刊号，朝日出版社，所収）
【84】 山縣　熙「私小説における「私」の位置」『文学』vol. 45. no. 8. 岩波書店，1977.
【85】 鈴木登美『語られた自己――日本近代の私小説言説』岩波書店，2000.
【86】 石坂幹将『私小説の理論』八千代出版，1985.
【87】 中村光夫『日本の近代小説』岩波書店，1954.
【88】 小林秀雄「私小説論」（『小林秀雄全集』第 3 巻，新潮社，2001. 所収）
【89】 柄谷行人『日本近代文学の起源』講談社，1988.
【90】 外村直彦『添う文化と突く文化』淡交社，1994.

【91】 荒俣宏「縦横無尽で自由な解釈を許す石庭」(内藤忠行『宇宙の形－日本の庭』世界文化社，1998. 所収)
【92】 堀口捨己『庭と空間構成の伝統』鹿島研究所出版会，1977.
【93】 中根金作『日本の庭』河原出版，1964.
【94】 福良宗弘『茶の湯空間とはなにか』彰国社，1995.
【95】 槇文彦『見えがくれする都市』鹿島出版会，1980.
【96】 宮川英二『風土と建築』彰国社，1979.
【97】 芳賀綏『日本語の社会心理』人間の科学社，1998.
【98】 阿部謹也『「世間」とは何か』講談社，1995.
【99】 宮原浩二郎『ことばの臨床社会学』ナカニシヤ出版，1998.
【100】 阿部謹也編『世間学への招待』青弓社，2002.
【101】 作田啓一『一語の辞典　個人』三省堂，1996.
【102】 N. Elias, *Was ist Soziologie?*, 1970.（N. エリアス，徳安彰訳『社会学とは何か』法政大学出版局，1994）
【103】 N. Elias, *Engagement und Distanzierung*, 1983.（N. エリアス，波田節夫訳『参加と距離化』法政大学出版局，1991）
【104】 鈴木孝夫『ことばと文化』岩波書店，1973.
【105】 牧野成一『ウチとソトの言語文化学』アルク，1996.
【106】 大野晋『日本語をさかのぼる』岩波書店，1974.
【107】 土居健郎『甘えの構造』弘文堂，1971.
【108】 井上忠司『世間体の構造』日本放送出版協会，1977.
【109】 阿部謹也『ヨーロッパを読む』石風社，1995.
【110】 室山敏昭『「ヨコ」社会の構造と意味』和泉書院，2001.
【111】 A. Y. Gurevich, *Categories of the Medieval Culture*, 1984.（A. Y. グレーヴィッチ，川端香男里，栗原成郎訳『中世文化のカテゴリー』岩波書店，1992）
【112】 中根千枝『タテ社会の人間関係』講談社，1967.
【113】 阿部謹也『世間論序説』朝日新聞社，1999.
【114】 A. Y. Gurevich, *Kultura i obshchestvo srednevekovoi Evropy glazami sovremennikov*, 1989.（A. Y. グレーヴィチ，中沢敦夫訳『同時代人の見た中世ヨーロッパ』平凡社，1995）
【115】 山本博文『武士と世間』中央公論新社，2003.
【116】 M. Foucault, *Le souci de soi; Histoire de la sexualité* Ⅲ，1984.（M. フーコー，田村俶訳『自己への配慮』新潮社，1987）

【117】H. W. Goetz, Leben in Mittelalter vom7. bis zum13. Jahrhundert, 1986.（H. W. ゲッツ，轡田収，川口洋他訳『中世の日常生活』中央公論社，1990）
【118】C. Mekseper ／ E. Schraut（Hg.），*Mentalitat und Alltag im spatmittelalter*, 1985.（C. メクゼーパー，E. シュラウト編，瀬原義生監訳『ドイツ中世の日常生活』刀水書房，1995）
【119】W. Ullmann, *The Individual and Society in the Middle Ages*, 1966.（W. アルマン，鈴木利章訳『中世における個人と社会』ミネルヴァ書房，
【120】小林修一「メトニミーと日本的形象の論理」『東洋大学社会学部紀要』44−2）2007.
【121】井上哲次郎「勅語衍義」1891.（松本三之介編『近代日本思想体系31，明治思想集Ⅱ』筑摩書房，1977 所収）
【122】穂積八束「憲法の精神」1900.（同上，所収）
【123】加藤弘之「自然と倫理」1912.（大久保利謙，田畑忍監修『加藤弘之文書　第 3 巻』同朋社出版，1990. 所収）
【124】石田雄『明治政治思想史研究』未来社，1954.
【125】色川大吉『明治の文化』岩波書店（同時代ライブラリー），1997.
【126】牟田和恵『戦略としての家族』新曜社，1996.
【127】唐澤富太郎『唐澤富太郎著作集第 6 巻　教科書の歴史』ぎょうせい，1988.
【128】鹿野政直『戦前・「家」の思想』創文社，1983.
【129】鈴木正幸「天皇統治論と社会秩序」（鈴木正幸編『近代の天皇』吉川弘文館，1993. 所収）
【130】松本三之介『明治思想における伝統と近代』東京大学出版会，1996.
【131】藤田省三『天皇制国家の支配原理』未来社，1966.
【132】西川裕子『近代国家と家族モデル』吉川弘文館，2000.
【133】牟田和恵「「近代家族」概念と日本近代の家族像」（日本家族史論集 2『家族史の展望』吉川弘文館，2002. 所収）
【134】伊藤幹治『家族国家観の人類学』ミネルヴァ書房，1982.
【135】穂積八束「民法出テ，忠孝亡ブ」（松本三之介編『近代日本思想体系 31，明治思想集Ⅱ』筑摩書房，1977. 所収）
【136】文部省教学局編纂「臣民の道」1941，内閣印刷局（貝塚茂樹編『戦

後道徳教育文献資料集第1期2国体の本義／臣民の道』日本図書センター，2003. 所収）
【137】文部省編纂『国体の本義』1937，内閣印刷局（同前）
【138】海後宗臣編『日本教科書大系　近代編　第3巻　修身（3）』講談社，1962.
【139】中村雄二郎『近代日本における制度と思想』未来社，1967.
【140】小山静子『家庭の生成と女性の国民化』有斐閣，1999.
【141】尾花清・広井多鶴子「学校が教える家族——国定修身教科書の分析」『大東文化大学紀要』第32号，1994. 所収.
【142】山田昌弘『近代家族のゆくえ』新曜社，1994.
【143】T・フジタニ『天皇のページェント』日本放送出版協会，1994.
【144】井上哲次郎『国民道徳論』三省堂書店，1912.
【145】大西祝「祖先教は能く世教の基礎たるべきか」1897.（同上，所収）
【146】喜田貞吉「日本民族概論」1918.（『喜田貞吉著作集，第8巻民族史の研究』平凡社，1979. 所収）
【147】喜田貞吉「日本民族の構成」1938.（同上，所収）
【148】喜田貞吉「日鮮両民族同源論」1920.（同上，所収）
【149】吉田熊次『國民道徳と其の教養』弘道館，1928.
【150】亘理章三郎『國民道徳本論』中文館書店，1928.
【151】一木喜徳郎「一木書記官取調書」（『沖縄県史』第14巻資料編4，琉球政府，1965. 所収）
【152】石田雄「「同化」政策と創られた観念としての「日本」」（上）（下）（『思想』1998，10，11; No, 892，893 所収）
【153】比屋根照夫『近代沖縄の精神史』社会評論社，1996.
【154】『伊沢修二選集』信濃教育会，1958.
【155】駒込武『植民地帝国日本の文化統合』岩波書店，1996.
【156】小熊英二『単一民族神話の起源』新曜社，1995.
【157】喜田貞夫「韓国の併合と国史」三省堂書店，1910.（『韓国併合史資料』③，龍渓書舎，1995. 所収）
【158】喜田貞夫「朝鮮民族とは何ぞや」（『喜田貞吉著作集，第8巻民族史の研究』平凡社，1979. 所収）
【159】澤柳政太郎「新領土人に對する附支那人に對する態度」1916.（『澤柳政太郎全集第9巻』国土社，1977. 所収）
【160】澤柳政太郎「韓國併合所感」1910.（同上，所収）

【161】澤柳政太郎「東亜主義」1917.（同上，所収）
【162】宮田節子「「内鮮一体」・同化と差別の構造」（旗田巍他『朝鮮の近代史と日本』大和書房，1987. 所収）
【163】宮田節子，金英達，梁泰昊『創氏改名』明石書店，1992.
【164】柳田國男「日本における内と外の観念」（『講座，現代倫理』第5巻，筑摩書房，1958. 所収）
【165】E. W. Said, *Orientalism*, 1978.（エドワード・サイード，今沢紀子訳『オリエンタリズム』平凡社，1986.）

註

第一章　日本語の身体

(1) 文献【1】(——以下, 下記の文献は文献番号で明示する——) 17-8 頁.

(2) 同上, 23 頁.

(3) 文献【2】6-7 頁.

(4) コフマンはニーチェにおける無意識と隠喩との関係をこう解説している.「しかし人間は, まず意識的思考のために世界を征服することから始めなければならなかったものだから, 意識的思考の方を本質的だと考えてしまい, それが無意識的活動の置き換えにすぎないことを忘れて, 意識的活動を出発点にして無意識的活動を隠喩的に記述してしまうのである. 人間がこの記述の隠喩的な性格を自らに認めることは, 次のことを隠蔽することである. つまり, 意識的思考それ自体が無意識的活動の延長でしかないこと, そして, 意識的活動が為すのは, まず無意識的活動から借用したものを無意識的活動に返すことだけだ, ということをである」(文献【3】50 頁).

(5) マテ・ブランコによれば,「無意識的思考」は, 同一律や排中律を基にした「二価論理」を拒否した「対称性の論理」に支えられている. それは一種の「レトリック思考」である.「類似性・一致性・近似性という『ちょうどそのような』関係性は, 他のどのような特性とも異なり, 夢の中で, 様々な方法で表現される可能性を持っている.『ちょうどそのような』類似性あるいは事実は, 夢思考の素材としては不可欠なものである. それらは夢を構成するための最初の基盤を形成しており, 夢作業における少なからざる部分が, 斬新な類似性を創造することの中に含まれている…」(文献【4】18 頁)

(6) 文献【5】215-6 頁.

(7) 文献【6】47 頁参照.

(8) 上野はピアジェの知能の発達段階論を猿人から現生人類にいたる系統発生的展開に対応させるべく, 道具使用に注目して次のような試みを提

示している．①猿人直前——感覚運動期と前操作期の中間　②猿人——前操作期の後半＋再生心像　③原人——具体的操作期＋予想心像　④旧人——形式的操作期＋予想心像の発達　⑤新人——現代人と同様の発達（文献【7】参照）．

(9) ミズンは認知的流動性の進化についてこう述べている．「10年前の近東における初期現代人類に明らかなように，社会的知能と博物的知能が統合された…完全な認知的流動性への最後の一歩は，6万年前から3万年前にかけて，さまざまな集団に，さまざまなタイミングで起こった．ここで技術的知能が統合され，我々が中部／上部旧石器時代の移行と呼ぶ，行動上の変化につながった．つまり，文化の爆発的開花を招き，現代人類の心が出現したのだった」（文献【8】255頁）．

(10)「言語学者は，言語はそもそも物理的対象のことを言うのに使われ，そうした概念が，『比喩による拡充』によって社会的／精神的世界についての発話へと変化していったと考えている．しかし，反対にして見た方がわかりやすい．つまり，言語構造は社会的世界について話された時に生まれ，それが比喩によって拡充されたことで物理的対象についても話されるようになった」（同上，247頁）．

(11)「らしさ」とプロトタイプについては尼ヶ崎は次のように説明している．「…『らしさ』とは目や耳によって知覚されるものではなく，まず私たちによって生きられるものである．ただそのプロセスには一定の『型』があり，私たちはそれを『らしさ』の型として認知している．つまりある経験がある型の反復であるかないかを識別できる．しかし識別できるだけで，その経験過程を概念や表象によってとらえることはできない．従って言語化することはできない」（文献【9】18–9頁）．

(12) 文献【10】220頁．

(13) 文献【11】86–8頁参照．

(14) 同上，26頁．

(15) ジョンソンは「カテゴリー把握」「図式」「隠喩的投射」「換喩」「物語構造」のそれぞれは包括的な想像力理論によって基礎付けられるべきと考えており想像力についてこう述べている．「想像力が人間の意味と合理性にとって中心的な役割を果たす理由は単純である．それは，われわれが有意味なものとして経験し認識するもの，そしてそれについて推理を行なう方法が，どちらも想像力の構造に依存しており，そのおかげで現にあるがままの経験が営まれるからである．この見解では，意味は

命題の中にのみ位置づけられるのではない．理解というものは，身体化され，空間的・時間的なものであり，文化によって形成され，価値を担ったものであるが，意味はむしろこうした理解に浸透しているのだ．われわれがお互いを理解し合い共同体内部で意思を伝達できる場合，共有されたものを形づくるもの，それが想像力の構造である」（文献【11】329頁）．

(16) 同上，62-6頁．

(17) 文献【13】15-6頁．

(18)「言語は人間の認知的営みによって十分に〈動機づけられた〉(motivated)，あるいは〈有契的〉なものであり，その在り方はそのような動機づけとの関連で〈説明〉できる可能性を孕んだものという認識がとって代わる．…同時に，このような考え方はまともな形での『日本語論』といったものと取り組むための一つの理論的な基礎としても役立ちそうである」（文献【22】89頁）．

(19) 文献【18】38頁．

(20) 文献【14】参照．

(21) 文献【15】9頁．

(22) 山梨によれば，擬音語はメトニミーの一種と考えられる．メトニミーとは「ある一つのものを，それに関係した他のものによってあらわすことばのあやの一種」（文献【24】92頁）とされる．たとえば「にゃんにゃん，可愛いね」「このパン，チンして食べてね」（チン＝電子レンジのメトニミー）など．

(23)「…擬音語・擬態語を用いた表現は，われわれが五感で感じたことや心情を，音によって象徴的にあらわされる感じにたとえているということができ，広い意味での比喩表現であるといえる」【文献【15】111頁】．

(24)「このような音象徴のゆたかさは何を意味するのだろうか．…反抽象性への傾向を指示していると思われる．この傾斜は反分析と言ってもよい．冷たい分析を通さないで，現実を感覚のレベルで受けとめ，それを出来るだけ原体験に近い形で表現するのである．音象徴と言えども，日本語なら日本語の単音の目録とその結合方式の許す範囲を越えることはむろん出来ない．しかし，その範囲で出来るだけ現実に迫り，それを直観的，感覚的にとらえるのである」（文献【16】92頁）．

(25) 前稿でも繰り返し例示してきたが，川端康成「雪国」冒頭の文と，E・サイデンステッカーによるその英訳における「視点」の違いに金谷

もまた注目し，英語文の視点を「神の視点」，日本語のそれを「虫の視点」と名づけている．

① 国境の長いトンネルを抜けると雪国であった．

② The train came out of the long tunnel into the snow country.

①の視点が列車内の『話し手』のものであり，列車の進行に伴う状況の変化を連続的に体験したままに叙述しているのに対して，②の視点はこの列車をいわば鳥瞰する客観的な固定されたものであることが分かる．金谷は日本語におけるオノマトペの豊富さもまたこうした『視点』によるものと考えている．「虫の視点であればこそ，耳をすませば，いやすまさなくとも，様々な自然と生活の色，音，匂いが豊かに迫って来る．日本人や韓国人はそれをオノマトペアで生き生きと，ありありと表現するのだ」（文献【17】36 頁）．

(26) 同上，148 頁以降参照．

(27)「…考えてみると，言語行為において話者の人称を単一のものと見，その上で多重化ととらえること自体，‘Je pensr, donc je suis’（我思う，故に我あり）の伝統をひく近代合理主義の発想のように思える．むしろ非単一的であるのが，少なくとも発話行為を通して私以外のものとかかわる『私』の人称の常態であり，それを単一として自覚する方が，人為的な努力によって明らかになる限定された様態ではなかろうか．きわめて日常的な発話の場でも，何らかの意味で『かたる』とき，語り手はすでに多重化した人称を帯びてしまっている」（文献【18】199 頁）．

(28)「英語においては，『私』自身を『神の視点』から眺めるもう一人の私がいる．その，状況から引き離された高みから『I ／ You ／ He ／ She ／ They』など，すべての人称が見下ろされるのである．この客観性が，動詞活用とも深く関わる人称を議論する上での前提条件である．…一方，日本語における話者は『虫の視点』におり，つまり状況の中に入り込んでいる．一人称である『私』は自分には見えないから客体化することができない．そもそも人称を前提とする動詞活用などもない．話者自身が見えない地平では人称論は成立しにくいだろう．聞き手との関係によって話者が『私』を『僕・俺・先生・パパ・おじさん』などと（大抵は何も言わないから，ゼロを含めればこれでちょうど）『七変化』するのも，まさに状況の中に身をおくからだ」（文献【17】60-61 頁）．

(29) 文献【28】161-6 頁

(30) 文献【22】277 頁

(31)「私たちが何かを見たり，何かについて語ったりするという営みのもっとも本来の〈元型〉的な姿といえば，疑いもなく，後者のタイプ，つまり，私たち自身が当事者として臨場し，直接〈いま〉〈ここ〉で身をもって体験しているという構図のもの」（同前，295）であると．
(32) 文献【25】35頁．
(33) 文献【19】参照．
(34) 同上，171頁．
(35) 文献【20】74頁．
(36) 文献【22】298頁．

第二章　日本語のコード

(1) 文献【29】216-7頁．
(2) 同，212頁．なお，同様の指摘は瀬戸によっても次のようになされている．「メタファーは，かつてそしていまも文学的表現の実際において，他の比喩と較べて明らかなように，華麗であり勢いがある．それは，成功した限りにおいて，文学的表現であるなしにかかわらず，人にある種の喜びそして（または）驚きを与える．それは，新しいものの見方の提示であり，創造的な認識の発見＝発明であり，ときに新しい世界観の予告であるからである．…しかし，メタファーには意味の創造的契機であるとともに，もう一つ，意味の生成を根底で司る重要な働きがあることを忘れてはならない．少し反省してみればわかるように，メタファーは通常はっきりと意識にのぼることなく，日常言語の中に広く深く行き渡り，われわれの認識をある意味で基礎づけ，さらにわれわれの行動パターンをかなりな程度規制する働きをなすのである」（文献【37】12-3頁）．
(3) 文献【11】327-8頁．
(4) カテゴリー間の距離とメタファー的効果の関連について，芳賀はこう指摘している．「カテゴリー的知識は，概念の分類に関わり，階層的なツリー（樹状）構造，類包摂構造で表現できる．その構造は文脈によって変わりにくく，安定している．直喩，隠喩は，異なるカテゴリーに属する概念を水平的に結びつけた比喩である．ここで2つの概念間のカテゴリー的距離が大きいほど斬新さが高まり，良い比喩になる」（文献【31】84頁）．
(5)「日本人は隠喩の断定的強さを嫌うようだ．欧米の名句には隠喩的な断定文がけっこう多い．『人間は狼である』『人間は考える葦である』

等々．また欧米の詩を読んでいると隠喩的表現が実に多く出てくるのに，日本の詩ではあまり出会わない．非常に大ざっぱな言い方だが，西洋人は派手な隠喩を好むのに対して，日本人はおとなしい直喩を好むようだ．これはおそらく，両者における自己主張（我の強さ）のあり方と関係があるにちがいない」（文献【32】72頁）．

(6) 文献【33】参照．

(7) 文献【32】64頁．

(8) 文献【12】128頁．

(9) 文献【34】178頁．

(10) 文献【35】53頁．

(11) 文献【25】同214頁．

(12) 文献【36】49頁．

(13) 野内によれば，「類あるいは特殊化のシネクドキ」と「種あるいは一般化のシネクドキ」といった「この2つの用法は一見矛盾するように見えるかもしれないが，しかしそれを支えているのは同一の発想，原理だ．プロトタイプ（桜，日本酒，米，パン）への注目である．問題のカテゴリーのなかの典型的なもの，代表的なものに焦点が合わされている．そして要するに両者の違いはその取り出された典型例に絞り込むのか，それを拡張するのかにある．つまりシネクドキの本質的働きはプロトタイプ化ということなのだ」（文献【35】31頁）とされる．

(14) 佐藤も，メトニミーにおける「全体」「部分」の隣接関係に基づく表現の貸し借りが，「現実的な」隣接関係による場合と，それが「意味的な」隣接関係による場合とを区別し，後者を「類」関係として，これを「シネクドキー」（提喩）としている（文献【5】189-90頁）．

(15) 菅野は，グループμのアイデアを検討した後，次のような指摘をしている．「『提喩』が独自な比喩の単位だというのは誤りである．全体と部分との関係（事実上の関係）を基軸につくられた比喩であるかぎりで，提喩は換喩の一種にすぎない．ここから逆に，換喩を構成する原理である『近接性』とは，正しくは全体と部分の関係（部分論的関係）であると言うことができる．…しかしまた私たちの観察は，ある種の提喩がしかるべき独自性を持つことも告げている．一部の修辞学者が唱えてきたとおり，提喩を組み立てているのは類と種の関係だといってよい」（文献【38】111頁）と．だが，この「類－種」の「意味的関係」と「全体－部分」の「事実上の関係」とを「絶対的に」区別することはできない

というのが菅野の趣旨である．

(16) 文献【12】125 頁．

(17) シネクドキー的思考の特質について，芳賀はこう指摘している．「…提喩は，同じカテゴリーにおける上位カテゴリーと下位カテゴリー，あるいはカテゴリーと成員を垂直的に結びつけた比喩である．提喩は，カテゴリーとその典型的成員を結びつけた場合が多い．したがって，提喩の理解は容易であり，慣用化されることによって処理は自動化される」(文献【31】84 頁)．

(18) 文献【32】37 頁．

(19) 野内によれば，西欧中世における「ミクロ－マクロ・コスモス」は人間，家，宇宙といった異質な概念領域間の写像関係であるから，メタファー認識に属するが，日本の「即身成仏」は「別のものと思われていたものが気がついてみると実は『同じもの』だったということ」(同前 40 頁) なので，シネクドキー認識に属するとされる．

(20) 同上，41 頁．

(21) 文献【34】42 頁．

(22) 古代的言語観を象徴する典型とされる「枕詞」における意味と音との融合ないし一体化を踏まえて，次のような解釈がなされている．「かくして，イメージの連合，連想的ないし類語的連合などと言われてきたありようを，やはり枕詞の表現法として認めざるをえないであろう．言い換えるならば，枕詞は一つの固有名詞で示される特定の存在を，類感する言語で称辞的に同定し断定してゆくものであったということである．その際，口承言語特有の表れとして，その類感作用が音韻的契機によって顕在化されることが多かったのだと言ってよいと思われる．というよりは，口承性を基本とする言語の始原的性格として，音韻と意義とは混沌として未分化なものであった」(文献【40】31 頁)

(23)「日本語では，英語のように『誰かが (意図的に) どうする』ではなくて，『何かが (自然に) どうなる／どうである』という言い方となるのはその当然の結果である．つまり，日本語では『行為者不在』の傾向が極めて強い．ここに不在の人間が，英語においては主語，つまり行為者なのである」(文献【41】5 頁)．

(24) 同前，161 頁．ちなみに，こうした印欧語／日本語における「する／ある」の構文的対比の前身をなす池上の「する／なる」論から導き出される言語と文化のタイポロジーによれば，この「動作主指向型」と

「出来事把握型」の対比からは「分析的思考対非分析的思考」や「人間中心の哲学対自然中心の哲学」，「積極的行動様式対消極的行動様式」，「個人主義対集団主義」などの特徴が派生すると考えられている．だが，同時に，こうしたタイポロジーを提唱する池上自身は，こうした言語的特質がストレートに言語外的文化と相関するか否かについては，言語学の範囲を超えた問題として慎重な態度にとどまっている．

(25)「日本文法は『文の文法』としては英文法のようにしっかりした枠組みをもたず，多分に『談話文法』的説明を必要とする．統語論（syntax）のほかに意味論（semantics）や語用論（pragmatics）の助けを必要とする面が大きい．場面に依存する度合いが高く，省略的表現が多いからであるが，それは英語のような主題となる主語を立てないため，文が論理的に構築されず，はなはだ柔軟な構造をもつことによるといえる」（【49】182-3頁）

(26) 文献【54】108頁．

(27) こうした前提のもとに金谷の「日本語には主語がない」とする主張に改めて目を向けておこう．金谷は中島（文献〔10〕）の日本語の基本文に倣って，それを①名詞文（「とんぼだ」など）②形容詞文（「いとしい」など）③動詞文（「歩いた」など）に分類した上で，「…日本語の基本文は主語を含まない．述語一本立てなのである．主語を認めると，無数の『主語なし文』という別な説明文を持ち込む必要があるが，これは多くの場合正しくない」（文献【42】65頁）とする．そこから彼は「行為者不在」といった日本語の（統語論的な）特徴を導出することになる．

(28) 文献【22】251頁．

(29)「日本語は表現・理解すべてにおいて，話し手・聞き手が常に『自分』という言葉のやり取りの主体者となって影のように付きまとっているが，話の中身に入っていかない．これこそが叙述を眺める本人自身で，英語のように話の中に入っていったらその『私』はもはや自分自身ではなく，対象化された文中の登場人物に過ぎなくなる」（文献【43】4頁）

(30) 文献【44】3頁．

(31)「日本語においては，基本はあくまで己を基点に据えて，己を取り巻く外の世界の事物や現象を自己の視点で把握する」（同前，3）こととされる．

(32) 文献【46】4頁．

(33) 坂部によれば，西欧の合理主義的な記号観を踏まえた「サンボリズ

ムが，すくなくともさしあたりは，言語以外の現実とは切り離された純粋な言語的宇宙の構築を目指しているのにたいし，日本語の思考では，…ことばは〈ことの－端〉として，つねにことば以外の現実とのつながりにおいて生きて」（文献【61】151頁）いる，とされる．

(34)「国語では，話し手が，話の世界に主観的に関与することで，話の中にある自己を客観的に描写しないことがあると述べた．これは，話し手のいる場面が，そのまま話の場面になることでもある」（同前，5頁）．

(35) だが，言うまでもなく，構文上の「主語」の有無に関わらず，その「主語」と（言説外の）「話し手」との関係それ自体は言語と言語外のコンテクスト＝「場」との関連といった普遍的な問題の一部を構成している．ちなみに，E．オルティグによれば，フランス語のje suis（私はある），je ai（私は持つ），je fais（私はする）といった表現におけるJe（私）とは，二重の価値を孕んでいる．「Jeはディスクールの対象であり，《語られるもの》であり，それに対して述語が与えられる所のものである．…しかし同時に，Jeは語り手，語っている人，ディスクールの真の主体，語るという行動を遂行する人を示している．その意味では，それはもはや発言されたものの単なる一要素ではなく，語られるものの中に単純に含まれるものでもなく，反対に語られるものを含むものであり，語る行為の全体性の中に，それ自身を位置づけるものである」（文献【50】220頁）．

(36) ただし，この二重性はJe（私＝語り手）の実存的性格に由来するものであって，他の人称にはあてはまらない．「Jeは，パロールという行為に存在する現実の中で，認識すべく与えられている主体の実在性を示している」（同前220頁）からである．こうして，日本語文における「主語なし」文は印欧語文における主体の二重性のうち，実存的な「語り手」が同時に「語られた」主語を兼ねるといった傾向として特徴付けることができる．それはテクスト＝日本語文自体がコンテクスト＝「場」に対する依存性が高いという事情に裏打ちされたものである．

(37) 文献【49】4頁．

(38) 同上　188-9頁．

(39) 文献【60】下73頁．

(40) 同前　上260頁．

(41) 中島の場合は「　1，動詞文　　「（もう）寝る（よ）」
　　　　　　　①　2，形容詞文　「（ずいぶん）寒い（ね）」

② 3，形容動詞文 「静かだ（ね）」
③ 4，名詞文 「雨だ」」
（文献【49】7 頁）

金谷の場合は 「（あ）名詞文 名詞－だ 「好きだ」
④（い）形容詞文 形容詞 「楽しい」
⑤（う）動詞文 動詞 「笑った」」
（文献【42】31-2 頁）

(42) 同前 下 15 頁.
(43) 同前 上 266-7 頁.
(44) 文献【12】128 頁.
(45) 文献【42】36 頁.
(46) 同前 65 頁.
(47) 文献【12】53 頁.
(48) 文献【61】128 頁.
(49) 文献【62】190-91 頁.
(50) 文献【44】6 頁.
(51) 文献【43】137 頁.
(52)「そして，この『内』『外』の対応は，遡れば日本の社会構造，つまるところ日本の文化そのものの反映ということに気付くのである．…著者の念頭を離れなかった問題は，まさにこの目に見えぬ糸で結ばれた日本的な『内』『外』観念と日本語とのつながりであった．これまで自分が試行錯誤してきた個々の文法現象の解釈を，なんとか同じ土俵で取り組ませたい．日本文法の種々の問題を 1 つの統一理論でまとめあげたい」（同上 315-6 頁）
(53) ちなみに坂部によれば「…日本語が，良い意味でも悪い意味でも，すぐれて『原初的』な性格をもつ…ここから，『場面依存的』『文脈依存的』『現実嵌入的』『情緒的』『暗示的，比喩的』等といった（さらには，単数複数の区別があいまいという類の）従来くり返し指摘された日本語の一連の特徴が生じてくることになる」（文献【61】145 頁）とされるが，そうした日本語の特徴すべてが，その「原初性」のみから説明できるか否かは疑わしい．やはり，日本語の構文（詞辞）の基礎に潜在するメトニミー的認知構造にまで立ち入って初めて説得的な説明が可能となるのではないか．

また，この問題に対する風土論的アプローチにも問題がある．例えば，

柳田國男は「日本人には特殊な内と外との観念が発達している」とし，その理由として日本の「地理的特徴」を挙げる．「島国であり，大陸との距離が大きいこと．あとから入ってきた者は跡を残さぬほど同化されて，結局日本人くらい純粋性を保った国民はないといえる」こと．また川や谷が多く平野が少ないこと．米つくりをし，そのためには水利が不可欠だったことなどを踏まえて，「日本人は，このような条件の下に同一の人種として，谷々に群をなして土地を開き，米作りをして，割拠した．したがって，日本人の割拠性というのは，たいへんに根が深い．そういう群のなかに発達したのが，『内』の観念である．いずれの群にも指導者があり，『八十氏』といったように，地形の許すかぎり割拠していた．『氏』という言葉は『内』と同じ意味である．大和の朝廷が出来るようになって，皇室だけが例外で『氏』と称しなかったけれど，自分等がかたまっているところが『内』だった．このような『内』がたくさんあった以上，『外』も多かったわけである．…割拠分立があればこそ，どうしても内輪にたいしてはやや身びいきになり，外を見る目はそれだけ冷たくなる」（文献【164】4-5 頁）．確かにこうした風土論的説明を全く無視する必要はないが，さりとて，風土的要因からストレートに言語体系のあり方を結びつけるのは，外挿法的誤謬の危険を伴う．そこにはおそらくは無限に近いパラメーターの存在があるはずである．むしろ，言語体系の深部に潜在する認知構造の生成と環境との関連を解くことのほうがリスクは少ないのではないか．というのも，認知システムと環境との関連は人間以外の生物にも共通した問題の地平を準備することが可能だからである．むろん，ここではそこまでの遡及はするつもりも能力もない．ただ，菅野の次のような指摘，すなわち，「…人間以外の生物種も換喩という認知の方式を採用しているということ．換喩は人間に経験を可能にする手段であるばかりか，基本的には，あらゆる生体もおよそなんらかの経験をなしうるかぎり，やはりこの手段を採用している」（文献【38】113 頁），とは，ピアジェの知能の発達過程は生物学的「同化」の精神的側面に過ぎないといった発達心理学の従来の知見の継承に他ならないことを確認するものである．

(54) 文献【62】142-3 頁．

(55) 文献【63】16 頁．

(56) 文献【47】203 頁．

(57) これを金谷はこう説明している．「…英語が『する言語』で，行為者

や被行為者は多くの場合人間であるから（人称代名詞や所有形容詞が多用される—引用者）なのである．『ある言語』の日本語では，言語化される過程において『誰がどうした』という意図的な行為よりも『自然にそうなったある状況で，そこにある』と表現する強い傾向がある．だから人間ではなくて，存在の場所（空間）が注目される」（文献【42】46頁）．

(58)「一歩進めば，出来事は環境においてではなく，自己において起っているのであると言うことも出来よう．出来事が起るのは，環境の中でであると諒解していたのが，実はそうではなくて，自己において起っておると捉えることも出来るのである．出来事が出来するのは環境という場所ではなくて，自己という場所においてではないかということである．このような捉え方は，自己と環境とを対立するものとして措定し，自己が環境に対して働きかけ，自らの意に叶うように変えて行くという図式とは鮮明に対立する．後者では自己は何かを〈する〉主体である．前者では自己は何かが出来する——つまり，そこで何かが〈なる〉——場所である」（文献【22】301頁）．

(59) 森田によれば，「日本人にとって対人意識とは己を基点としての対人意識で，『人』とは“他人”にほかならない．…人すなわち他人．『人』の中に己は含まれない」（同上，7頁）．

(60) 文献【50】286-7頁．

(61) 文献【12】213-4頁．

(62) 文献【50】287頁．

(63) 文献【48】71頁．

第三章　日本的発想と主体性

(1) 文献【64】674頁．

(2) 文献【65】56-7頁．

(3) 文献【67】22頁．日本古来の「たとえ」がメトニミー的なものを中心としてきたことを，芳賀はこう指摘している．「…唐軍の来り襲ふのを雁の来て稲を食ふのにたとへてある．…すべてかういう様に平常なもの，尋常なものに材料を採るのが普通である」（文献【70】214頁）

(4) 文献【66】23-4頁．

(5) 文献【65】18頁．

(6) 同上34頁．

(7) 文献【68】108 頁.

(8) 文献【69】226 頁.

(9) 同上, 228-9 頁.

(10)「…ラカンがいう『去勢』とは, 象徴界, つまり言語的世界（文化）に参入することである. ところが, そこに入りながら, 同時に入らない方法が, 訓読みなのである. 日本で生じたのはそのような去勢の排除である. おそらく『日本的』ということがあるとしたら, ここにしかない」(同上, 233 頁).

(11) 文献【70】148-9 頁.

(12) 文献【68】301 頁.

(13) 文献【71】16 頁.

(14) 同上 58 頁.

(15) 文献【72】299-300 頁.

(16) こうした「なる」＝生成の思考を「つくる」＝制作の思考との対比において, 前者を「古層」のうちに見出した丸山の主張に対して, 柄谷は「古層」それ自体は何ら日本の特性とはいえないとする.「…ユダヤ－キリスト教の思考に出会う前の『古層』において, ヨーロッパの各民族はどうであったか. それも制作よりも生成を優位におくものであった. キリスト教が入った後に, それが完全に抑圧されたのである. 同じことがアジア諸民族についてもいえる. …したがって, 歴史的な古層において,『生成』が『制作』に対して優位にあるということは日本に特徴的なものではない. …したがって, 大切なのは, そうした『古層』を指摘することではなく, むしろ, なぜ日本ではそうした『古層』が抑圧されなかったかを問うことである」（文献【69】218 頁）と. そこから柄谷は日本, 朝鮮, 大陸間の「地政学」的関係への重視を促す. 確かに一方では, そうした歴史的要因に「古層」残存の由来を求めることも必要であろうが, 残存した「古層」の「考古学的」（フーコー的意味での）遡及も重要な課題といえよう. 本書のレトリカルな認知構造の地平はそうした遡及の 1 つの在り方にほかならない.

(17) 文献【73】39 頁.

(18) 文献【65】42 頁.

(19) 文献【64】688 頁.

(20) 文献【71】21-2 頁.

(21) 同上 52 頁.

(22) 同上 53-4 頁.
(23) 文献【73】30-31 頁. また, 黒住も松陰の「情理」一体論について,「維新」の高唱する志士や「葉隠」における「奉公」と「死ぬこと」の併合といった思想のうちに「“閉塞的な理想主義”とでも言うべきような『理』のかたち——具体的な人間関係や秩序を所与(天与)のものとして極度に固定的に捉えた上で, その内部でどこまでも革新と決断を呼号する“閉じられた理”が見られる」(文献【74】403 頁)とし, その理は松陰が「情の至極は理も亦至極せる者なり」(「講孟箚記」)と述べているように, 感傷や怒気をはらんだ情念に満ちた強固な「格律」となって日本的禁欲主義やラディカリズムを生み出してきたとしている.
(24) 文献【66】198 頁.
(25) 文献【68】118 頁.
(26) 文献【75】4 頁.
(27) 文献【48】79 頁.
(28)「ヨーロッパやアメリカでは個室と鍵を重視するが, 個人用の食器という点では, 意外と無頓着である. 反対に日本人は個室を持たない代わり, 個人用の食器につよい執着をしめしてきた. 両者のあいだに存在する差異は, なにをもってプライバシーの象徴とみなすかという文化の型の問題」(文献【53】16-7 頁)
(29) 日本人が「まるでアリにように無私の立場で, 所属する集団に奉仕するだけであったとは考えられない. すでにのべたように, 一寸の虫に住む 5 分の魂は, それなりに鋭い自己主張をもっていた. その個人意識は未成熟という意味で半意識の状態であったかもしれないが, それだからこそ, 逆に個人の実存には完結した霊性のかがやきが無条件にみとめられ, そこに一定の呪的能力が信じられていた」(同前, 23 頁).
(30) 文献【48】129 頁.
(31) 文献【56】121 頁.
(32) 文献【52】41 頁.
(33) 同前, 43 頁.
(34)「すなわち, 日本人の知は, 元来, 純然たる理性の冷徹で客観的な対象認識という形態のもとに構築されるものではなく, 認識主体が客体を自己の側へと引き寄せつつそれとの合一化を図るという形で形成されたのではなかったか, と推測される」(同前, 56 頁).
(35) 文献【51】106 頁.

(36) 文献【57】132頁.
(37) 同前，133頁.
(38)「…ことばは，表現するという事実そのものによって表現するものを実現している．動詞による発言が，そのまま行為の遂行にあり，行為と発言との間には同一性がある．行為者と語り手が一致する．ここにこそ誓いや契約の本質がある．このように，ことばと行為の一致が実現されるのは，一人称の場合のみである」文献【50】243頁).
(39) 文献【22】306頁.
(40) 文献【52】117頁.
(41) 文献【55】114頁.

第四章　私小説のコード

(1) 文献【76】361頁.
(2) 文献【77】431頁.
(3) 文献【78】225頁.
(4) 同上，228頁.
(5) 文献【77】420頁.
(6) 同上，420-1頁.
(7) 文献【79】90頁.
(8) イルメラは「蒲団」の自伝的性格について，こう指摘している.「つまり『蒲団』の場合に重要なことは，単に現実の出来事や人物を利用するということから一歩進んで，題材をもっぱら自分で体験したものだけに限定し，物語のパースペクティヴを，作者と同一視される主人公の視点へと狭めるという決定的な一歩を花袋が踏み出した点であった」(文献【80】99頁)
(9) 文献【78】225頁.
(10) 文献【81】448頁.
(11) 文献【82】88-9頁.
(12) 文献【79】81頁.
(13) 語り手の人称については，イルメラも同様の指摘を行っている.「語りは三人称の語り手によるが，ほとんどが『語り手＝主人公』の視点（視点の『一致』）から報告されている．ところどころ，語り手が他の登場人物の視点に入り込む場面があるが，全体としては単一の視点から物語が構成されている印象を受ける」(文献【80】83頁).

(14) 文献【78】242 頁.
(15) 文献【77】422 頁.
(16) 文献【83】参照.
(17) 文献【84】74 頁.
(18) 同上，75 頁.
(19) 文献【80】221 頁.
(20) 同上，398-9 頁.
(21) 同上，9 頁.
(22) 文献【85】244 頁.
(23) 文献【86】159 頁.
(24) 文献【87】124-5 頁.
(25) 文献【88】33 頁.
(26) 文献【86】135 頁.
(27) 同上，150 頁.
(28) 文献【80】79 頁.
(29) 同上，239-40 頁.
(30) 同上，240 頁.
(31) 文献【85】10 頁.
(32) 文献【89】105 頁.
(33) 同上，117 頁.
(34) 文献【85】50-1 頁.
(35) 同上，81-2 頁.
(36) 私小説的「リアリティ」が「本当らしさ」といった極めて主観的なものへと変容させられたにせよ，「個人」や「自己」への関心と同様，それはやはり明治 30 年代以降の西欧自然主義，とりわけ進化論の移入による一種の「パラダイム転換」であるという指摘については，文献【27】104 頁．以下参照.
(37) 文献【80】254 頁.
(38) 同上，258 頁.
(39)「しかし，日本の私小説（家）にヨーロッパ的な『社会化した自我』観念が認められない，ということは，ヨーロッパの彼らに日本的『自我』観念がないというのとほとんど同じである」(文献【86】135 頁).
(40) 同上，190 頁.
(41) 同上，182 頁.

(42) 文献【80】265 頁.
(43) 文献【85】10 頁.
(44) 同上，12 頁.
(45) 文献【80】271-2 頁.
(46) 同上，417 頁.
(47) 同上，418 頁.
(48) 同上，443 頁.
(49) 文献【86】31 頁.
(50) 同上，125 頁.
(51)「というのも，こうしたいわゆる伝統あるいは文学的，社会的起源はそれ自体，しばしば私小説言説の産物であるからである」（文献【85】256 頁）.
(52) 同上，16 頁.

第五章　造形のコード

(1) 文献【90】46 頁.
(2) 同上，12-3 頁.
(3) 同上，15 頁.
(4) 同上，204 頁.
(5) 同上，206 頁.
(6) 同上，207-8 頁.
(7) 同上，211 頁.
(8) 文献【25】165 頁.
(9) 文献【25】，168-9 頁.
(10) 同上，199 頁.
(11) 文献【39】258 頁.
(12) 文献【90】212 頁．外村は単に日欧の造形様式の比較にとどまらず，それらの歴史的変遷や「東日本」と「西日本」文化の比較，さらに世界の諸文化間の比較検討といった広範な事例に基づく整理を試みている．そうした検討の帰結として，彼が日本文化のこうした特質をチベット，蒙古，エスキモー，アメリカ原住民などのいわゆる「モンゴロイド」に共通したものと指摘している点は興味深い．
(13) 文献【39】41 頁.
(14) 同上，42 頁.

(15) 古代的言語観を象徴する典型とされる「枕詞」における意味と音との融合ないし一体化を踏まえて，次のような解釈がなされている．「かくして，イメージの連合，連想的ないし類語的連合などと言われてきたありようを，やはり枕詞の表現法として認めざるをえないであろう．言い換えるならば，枕詞は一つの固有名詞で示される特定の存在を，類感する言語で称辞的に同定し断定してゆくものであったということである．その際，口承言語特有の表れとして，その類感作用が音韻的契機によって顕在化されることが多かったのだと言ってよいと思われる．というよりは，口承性を基本とする言語の始原的性格として，音韻と意義とは混沌として未分化なものであった」(文献【40】31頁).
(16) 文献【91】178頁.
(17) 文献【92】78頁.
(18) 文献【39】120-1頁.
(19) 同上，114-5頁.
(20) 文献【94】65-6頁.
(21) 文献【25】200頁.
(22) 文献【96】165頁.
(23) 文献【25】200頁.
(24) 文献【96】157頁.
(25)「空間のひだの重層性は，私が世界中の様々な都市を見，歩いてきて他の地域社会になく，しかも日本においてのみ発見しうる最も特徴的な数少ない現象のひとつである．私はこのような，先に玉ねぎと称した濃密な空間形成の芯とも称すべきところに日本人は常に奥を想定していたと感じる」(文献【95】202頁).
(26) 文献【93】93頁.
(27) 文献【39】133頁.
(28) 李氏によれば「抽象的な茫漠とした拡がりの志向より，手でさわれ，見肌で直接ふれることのできる具象的世界に対する握りめし型の縮み志向に強い日本人に，非言語的コミュニケーション，つまり『物』で考える習慣があるのは当然のことというべき」(文献【39】215頁）とされる．この「感性と具象的な物の世界」は「理念と抽象の世界」の対極に立つ（同，219頁）ともされる．だが，そうした対峙図式だけでは，日本固有の「抽象」世界（その典型が龍安寺の石庭である）の成立の謎は解けないままである．

(29) 文献【25】157-8 頁.

(30) ベルクは連続した領域相互のメトニミー的論理の重複から，非連続で異質な領域相互のメタファー的論理の創出をこう言い当てている．「かくて庭園は，抽象的な一つの表象となる．メタファーとは，形という具象的な道を辿ろうと，本質という抽象的な道を辿ろうと，結局は同じ運命に握られているのだ．同じものを離れず，しかも別のものに到達するのだ」（同上，159 頁）．

(31) 文献【39】142 頁.

第六章 「世間」のコード

(1) 文献【97】36-7 頁参照.

(2) 同，47 頁.

(3) 文献【98】28 頁.

(4) 同，28 頁.

(5) 文献【99】157 頁.

(6) 同，161 頁.

(7) 文献【97】53-4 頁.

(8) 文献【101】9-10 頁.

同様の（内容的には的確な）指摘は「世間」論のリーダーである阿部の次のような記述である．彼によれば，日本においては明治以来近代的システムの導入が始まったが，その際，このシステムだけでは近代日本は生まれなかったと主張される．「それはどういうことかというと，…もう一つのシステムがあってはじめて日本の近代化はここまできたわけです．それはなにかというと，歴史的・伝統的なシステムです．これは世間に代表されるもので，近代化のシステムが文字とか数字というものを基準にして作られている合理主義的な制度・体系だとすれば，歴史的・伝統的なシステムというのは，言葉とか身振りとか表情とか感情，あるいは義理人情というものを中心にした人間関係で，これがもうひとつ日本にはあるということです」（文献【100】31-2 頁）．この「歴史的・伝統的システム」と「近代化のシステム」とはいうまでもなく社会学的には「コミュニティ」と「アソシエーション」に対応するものであり，このそれぞれのシステムは「近代以前」と「近代以後」とで全く断絶して存在してきたわけではなく，前者は後者の基礎に根強く生き続けてきたとも（社会学的には）考えられている．だが，従来はいわば近代

的「進歩史観」に災いされて，日本社会の特質を封建的な「コミュニティ」の残存と近代的な「アソシエーション」の未成熟といった一面的かつ西欧中心主義的な視角からこれを解釈しがちであったことは否めない．そして，こうした従来の視角に批判的に対峙する阿部はこの日本の「歴史的・伝統的システム」としての「世間」の存在をもって「私は，遅れているというのではなく，（欧米の社会とは——引用者）別な世界だと考えています」（同前，32 頁）と断言する．（にもかかわらず，彼は数頁後には次のような記述を残している．「しかし，ヨーロッパにも世間というものが 13 世紀以前にはありました」（同前，39 頁）と）．

(9) 同，11-2 頁.

(10) 文献【102】67 頁.

(11) 文献【102】20 頁．なお，「形をもつ世間」と「形をもたない世間」については文献【98】参照.

(12) 同，20 頁.

(13) 同，20-21 頁.

(14) 同，34 頁.

(15) 同，36-7 頁.

(16) 文献【103】参照

(17) 文献【116】参照

(18) 文献【103】39-40 頁.

(19) 同，15-6 頁．ちなみに，エリアス自身はこの「関係構造」のうちに「アソシエーション」と「コミュニティ」の双方を内包しつつ，その概念抜きに議論を進めている．そこには，「より前の段階の社会に特徴的な，強く参加した，魔術＝神話的思考法」（文献【103】149 頁）と，これに対する「より後の段階の社会」における「距離化」の卓越などといった表現を駆使することによって，いわば「アソシエーション」や「コミュニティ」を実体化してしまうことを回避するための方策（関係構造をアソシエーショナルなものにする契機が「距離化」であり，コミュナルなものにするのが「参加」であって，そうしたいわば主体的契機抜きにアソシエーションやコミュニティが実体的に存立するわけではない）を見出すことができる.

(20) 同，10 頁.

(21) 文献【111】73 頁.

(22) 文献【113】45 頁.

(23) 文献【103】12-3 頁.
(24) 同, 80 頁.
(25) 同, 88-9 頁.
(26) 文献【117】186 頁.
(27) 文献【118】61 頁.
(28) 文献【114】238 頁.
(29)「家族が所有していた地所に対して, 人は具象的, 感覚的な関係をもっていたが, そのため土地は初期中世の人々の宇宙概念のシステムで中心的な役割を演ずることとなった. 耕作者の屋敷内の宇宙モデルが組み込まれていたのである. このことはスカンディナヴィア神話からよく見てとれる. スカンディナヴィア神話はかつてすべてのゲルマン系民族に共通していた信仰や表象の特徴の多くを保持していた」(文献【111】65 頁).
(30) 同, 73-6 頁参照.
(31) 同, 113-4 頁.
(32) 文献【117】16 頁.
(33) 同, 162 頁.
(34) 文献【111】332 頁.
(35) 文献【117】326 頁.
(36) 文献【114】70-72 頁.
(37) 文献【104】130-1 頁.
(38) 文献【105】73 頁.
(39) 文献【106】178 頁.
(40) 文献【107】40-1 頁.
(41) 文献【25】58 頁.
(42) これは井上によっても次のように強調されている.「妻にとって夫は『ウチの人』『宅』であり, 夫にとって, 妻は『家内』である. 家族もまた『ウチの者』であって,『ヨソの者』との区別は顕著である. が, その反面, 内部における個人の区別はほとんど無視されてしまっている. ウチにおいては個人の区別が消滅し, まさに〈へだてなき間柄〉として, 家族の全体性がとらえられているのである. そして, それがソトなる『世間』とへだてられている」(文献【108】76 頁).
(43) 文献【25】216 頁.
(44) 同, 39 頁.

(45) 同，84 頁.
(46) 文献【97】54-5 頁.
(47)「日本人の社会認識の大部分は対人意識である（集団全体を抽象的に把握する見方は深くは根づいていない)」(同，55 頁）ことになる.
(48) 文献【109】382 頁.
(49) 文献【97】59 頁.
(50) 文献【109】383 頁.
(51) 文献【115】201 頁.
(52) 文献【108】71 頁.
(53) 同，80 頁.
(54) 文献【101】20-21 頁.
(55) 文献【25】272 頁.
(56) 同，261 頁.
(57) 文献【119】101-2 頁.

第七章　家族国家のコード

(1) 文献【25】213 頁.
(2) 文献【43】130 頁以下参照.
(3) 文献【25】269 頁.
(4) 同上，276 頁.
(5) 文献【121】94 頁.
(6) 同上，112 頁.
(7) 文献【122】32 頁.
(8) 文献【123】517 頁.
(9) 同上，523 頁.
(10) 同上，589 頁.
(11) 同上，527-8 頁.
(12) 文献【124】16 頁.
(13) 文献【125】323-4 頁.
(14) ここで本格的に丸山眞男のいう「古層」について検討することは不可能であるが，そのもっとも基本的な発想である「つくる」「うむ」「なる」といった神話的宇宙創生論の 3 つの論理の区分――「『つくる』論理を純粋化すると，つくるものとつくられるものとは，主体と客体としてまったく非連続になり，それだけ『うむ』論理――そこではうむもの

とうまれるものとの間には血の連続性がある——から離れる．その意味では，『つくる』にたいして，『うむ』と『なる』とが対峙する位置を占める．けれども他方から見ると，『A（たとえば世界）がなる』（＝生る，あるいは成る）といえば，主語がAであることは自明だが，これにたいして，『生む』も『つくる』も他動詞だからして，『Aを生む』あるいは『Aをつくる』といえば，どうしてもAの外に，誰がという主語Xが問われなければ，完結的な命題をなさない．この点では，『生む』と『つくる』とは同じ側にあって，『なる』に対立することになる」（文献【72】299-300頁）．——から，日本的古層の論理として指摘される「なる」論理が，他の論理に比べて，主体的自立に乏しく，したがって主体的視点は世界のうちに組み込まれ，内在している点，そして，論理の連続性といった点において，本論が提起する「メトニミー」的認知構造の伏在を思惟内容の位相から照射する展開となっていることを確認しておきたい．

(15) 文献【126】81-2頁．

(16) 文献【127】325頁．

(17) 文献【128】39頁．

(18) 石田は近代人の共同体からの孤立と疎外に関するK.マンハイムの「甲羅のない蟹」という指摘を踏まえて，次のように展開している．「こうした無力な人間が消極的な適応として，集団への逃避を試みることは清水幾太郎氏の鋭く指摘されるところである．しかもこの逃避は一方では，すでに資本主義社会では無力化した家族への方向をとり，他方そこにおいて強大な物理力を独占する国家への方向をとる．そして人間は前者によって愛情という一筋の弱い絆をたよりに感情的な欲求を充足しようとし，後者によって自己を国家のうちに埋没させ，自己を国家と同一化することを通じて無力の感情から救われようとする．実はこの両者は，前近代的集団（それは内部の緊密な結束と，外部に対する闘争の実力という二つの側面をかねそなえていた）に対する現代人の憧憬が二つに分裂して現れたものに外ならない．したがって現象的には反対方向のようにみえるこの二つの逃避が，実は密接に相互補完の関係に立っていることは明かである」（文献【124】152頁）．

(19) 鹿野は明治の「戸籍制度」の定着によって理念としての「家」は法的保証を与えられ，それが理念の肥大化を可能にしたと考えた．「日本が『家』を単位とする社会であることが，法的に確定することによって，

『家』という観念は建物とか一族とかの具象性をはなれて飛翔してゆき，一個の擬制として独立するにいたった」（文献【128】60 頁）.

(20) 同上，61–69 頁参照.

(21) 文献【129】177–9 頁.

(22) 文献 [17]24 頁.

(23)「…天皇制の権力状況は，国家の構成原理からすれば，明かに異質な2つの原理の対抗・癒着の発展関係として捉えられるであろう．すなわち1つは国家を政治権力の装置（Apparat）乃至特殊政治的な制度として構成しようとするものであり，他は国家を共同体に基礎付けられた日常的共同態（Lebensgemeinschaft）そのもの乃至はそれと同一化できるものとして構成しようとする原理である」（文献【131】10 頁）.

(24)「明治民法の『家』と，『家』に対抗してつくられた『家庭』はいずれも近代の新造語であった．戦前家族は明治民法における『家』制度の戸主がひきいる『家』家族と，次，三男がおもに都市部において形成する『家庭』家族の二重構造をとっていた．人の往来と物品，金銭の仕送りでつながる『家』と『家庭』の世帯としての境界は曖昧であり，経済基盤のまだ脆弱な『家庭』家族は不況，災害のたびに『家』家族の庇護をもとめた．『家』家族／『家庭』家族モデルに対応する住まいモデルもまた『いろり端のある家』／『茶の間のある家』の二重構造をとった」（文献【132】16–7 頁）.

(25) 文献【133】230 頁.

(26) 文献【134】2 頁.

(27) 文献【130】29 頁.

(28) 戸籍の観念が臣民のみならず国民の観念をも育成した点について，藤田はこう指摘している.「…廃藩置県後のいわゆる『壬申戸籍ニヲイテ地ニ就イテ之ヲ収メ』る住所編成と改められ，同時に全人民家長を以って戸主となす『家』単位の同形化，水平化も完成し，機構支配の客観的条件を形成する．…そうしてさらに，この属地（住居）主義戸籍の確立によってはじめて近代国家の『領土』概念が『人民』概念と結びついて成立しうるのであり，したがってそこに縦の水平的『臣民』とともに横の『国民』の観念が始めて登場しうるのである」（文献【131】83 頁）.

(29) 文献【135】17 頁.

(30) 文献【136】72–3 頁.

(31) 文献【138】171 頁.

(32) 儒教的「孝」「忠」概念の変容については文献【139】62頁以降，また「仁政」の統治理念の変容については文献【130】26頁以降を参照.

(33) 文献【121】91頁. この引用文の数行後では「抑々子ノ父母ニ対シテ一種特別ノ親愛ヲ感ズルハ，元ト其骨肉ノ関係ヲ有スルニ由リテ起ルモノニテ，全ク是レ自然ノ情ニ出ヅ」(同，91頁）とあり，国君－臣民の関係が父母－子孫の「親愛」＝情愛関係になぞらえられている.

(34) 文献【137】45頁.

(35) 国定第Ⅱ期修身教科書巻6，第24課，文献【138】121頁.

(36) 文献【140】23頁以降参照.

(37) 牟田は明治修身教科書の分析から，明治10年代から20年代の間に現れた親子関係の記述上の変化について，こう指摘している.「…親子関係について，恩や孝といった親と子の上下関係に基づく感情ではなく，親子が親しみあい家族が団欒を楽しむ，親子の対等な情愛が明治10年代から20年代にかけて見いだされるようになり，以後それが定着する」(文献【126】91頁）と.

(38) 尾花らによる，大膳司の分析（「親子関係の変化」片岡徳雄編著『教科書の社会学的研究』福村出版，1987，所収）の紹介を挙げておく.「大膳司は，(国定教科書のⅠ～Ⅴ期——引用者）この5期の小学校国定修身教科書と戦後の小学校道徳副読本の中から，親と子の登場する教材を選び，統計的な分析を行っている. この分析では，次のような家族像が明らかにされている. 第1に，二世代家族の登場する教材は，戦前が97.9％，戦後が94.8％であり，教科書に登場する家族は，戦前戦後を通じて，基本的に核家族だということである. …第2は，きょうだいの数である. 1人っ子は戦前で73.9％，戦後で67.2％. …戦前も戦後も1人っ子が多数を占めている」(文献【141】170頁).

(39) 文献【142】112頁参照.

(40) 第Ⅳ期国定修身教科書，巻3第26課，文献【138】266頁.

(41) 文献【143】112頁以降参照.

(42) 伊藤幹治は穂積八束，陳重兄弟に共有された「祖孫一体論」を挙げて，次のように解説している.「ここでは，天皇家と国民の関係が宗家（総本家）と分家のアナロジーとしてとらえられているばかりでなく，これと関連して，あるいは，これを補強する形で，『家』と国家を接合する観念上のメディアとして先祖が重視され，『家』の先祖を天皇家の神話的先祖のヒエラルキーに組み込めることによって，天照大神が日本

国民全体の先祖であると主張されている」(文献【134】33 頁).

(43) 文献【144】200 頁. 井上によれば祖先崇拝は家族制度の根幹であるとされた.「祖先崇拝は家族制度の精神的方面, 家族制度は祖先崇拝の形體的方面と言って宜い」(同, 206-7 頁).
(44) 同前, 272-3 頁参照.
(45) 文献【137】46-7 頁.
(46) 文献【130】36-39 頁.

第八章　家族国家のメトニミー的膨張

(1) 文献【122】36 頁.
(2) 文献【145】63 頁.
(3) 同上, 165 頁.
(4) 同上, 165 頁.
(5) 文献【146】34 頁.
(6) 文献【147】58 頁.
(7) 同上, 59 頁.
(8) 文献【148】361-2 頁.
(9) 同上, 360 頁.
(10) 文献【149】208 頁.
(11) 同上, 208-9 頁.
(12) 同上, 388-9 頁.
(13) 同上, 418-9 頁.
(14) 同上, 439 頁.
(15) 文献【150】43 頁.
(16) 同上, 46-7 頁.
(17) 同上, 48 頁.
(18) 同上, 58 頁.
(19) 文献【165】98 頁.
(20) 同上, 43 頁.
(21) 同上, 46 頁.
(22) 同上, 67 頁.
(23) 文献【151】499 頁.
(24) 同上, 499 頁.
(25) 同上, 508 頁.

(26) 同上，508頁.
(27) 同上，508頁.
(28) 文献【152】(上) 66-7頁.
(29) 文献【153】125頁.
(30)「女子教育と本県」『琉球新報』1900,7,5 (同上，124頁より所引)
(31) 文献【153】173頁.
(32) 同上，117頁.
(33) 文献【152】(下) 142頁.
(34) 文献【153】592-3頁.
(35) 文献【154】615頁.
(36) 同上，615-6頁.
(37) 同上，162頁.
(38) 文献【155】42頁.
(39) 同上，60頁.
(40) 文献【156】171頁.
(41) 文献【157】69-70頁.
(42) 同上，72頁.
(43) 同上，77-9頁.
(44) 同上，79-80頁.
(45) 文献【158】355頁.
(46) 文献【156】126-7頁.
(47) 同上，132頁参照.
(48) 文献【150】66-7頁.
(49) 文献【159】186-7頁.
(50) 文献【160】175-6頁.
(51) 同上，190頁. また，この点においては，「東亜主義」(1917) では明確にこう説明している.「日本民族が立派なる民族であり得るならば，進んで世界の文化に貢献する或は人道の為に努力すると云ふ事であつたならば，先づ手近な我が親戚よりして之を救済して往くべきではなからうか，我が親族に憐れなる者があつたならば，之をして立派にしなければならぬ，貧乏なる者があつたならば有ゆる努力をして之をして相當の地位を得せしむる事に努力しなければならぬのであらうと思ひます」(文献【161】244-5頁). そして，朝鮮における「創氏改名」の根拠とされたのも，そうした再編国体論によって提示された歴史的な日鮮関係

であり，「日本は併合以来，朝鮮の家族制度の日本化を図り，数次にわたる民事令の改正を行なった．その家族制度の漸進的日本化の上に，一挙に日本式氏を名乗らせた所に，40年の創氏改名の特質があった」（文献【163】39頁）として，創氏改名が朝鮮における「徴兵制」の施行と関わっていたと推測している．とりわけ，徹底した改正とされるのが1940年の「第3次改正」であり，それは「家の称号である氏を朝鮮人にもつけて，呼称秩序を日本的な家単位にした．また，家制度を補強する婿養子や異姓養子の制度も新設した．異姓養子を認めたことにより朝鮮固有の『異姓不養』の原則が崩され，父子の血脈の純粋性を核にした朝鮮の宗族制度の解体につながる驚天動地の大変革となった」（同上，52頁）とされる．これは「朝鮮の社会構造をミニ天皇制である家単位に再編していこうとするものであった」（同，53頁）とされる．

(52) 同上，192頁．

(53) 文献【162】144頁．

(54) 同上，147頁．

(55) ところで，この「混合民族論」を軸として提示された日本の「同化政策論」を理解する上で，まさに当の「同化政策論」自身が活用した日本的「家族制度」のモデル化を方法論的に採用しようとする小熊の分析視角に触れておく必要があろう．小熊は日本の「同化政策」とオリエンタリズムの決定的な差異を指摘する．オリエンタリズムと，その支配理論を取り込んだ「社会学的分析」の場合，「これらは，異民族どうしの関係，すなわち差別的にであれ，平等的にであれ，たがいが相手を異なる存在と認識したうえでの関係を分析するものなのだ．ところが混合民族論にのっとった日本の同化政策論は，相手を血縁関係としており，明確な異民族とみなしていなかったのである」（文献【156】372頁）と．この両者の植民地化の指向の違いこそが説明されるべき課題であるにもかかわらず，小熊は日本の「同化政策論」の理解のために日本的「家族制度」の活用を提示してしまう．「本節で述べているのは，日本の家族制度が近年になってつくられたものであり，また家族制度で社会が決定されるとまではいえないにしても，家族制度の方向から検証してみることは家族国家論のレトリックで語られる同化政策論を理解するのに役立つだろうということである」（同上，393頁）と．だが，まさしく，「家族」に準拠することによって（同化する相手である）「外地」を，「内地」ないし内地の「家族」と連続的に捉えようとするのが，「同化政策

論」の発想であったはずであり，小熊の方法は，したがって，当の政策論的発想の根拠ないし原理を目指すものではなく，その発想に屋上屋を重ねることによって，そこに追随し，追認し，（意図的にではないにせよ）正当化するものとなってしまうのではないか．

問題は，本論で繰り返し指摘してきたように，「家族」（ウチ）に準拠することによって「国家」ないし「外地」（ソト）の物理的ないし精神的同化へと向かう「同化政策論」の発想の根源に存する認識と実践の原理を解明することであり，そのためには，この「家族」と「国家」，「ウチ」と「ソト」の関連の地平を相対化しうる位相こそが求められなければならない．本論が試みたのは，そうした発想の基底に存する「認知構造」からの照射である．それが成功したか否かは別としても，そうした「同化政策論」自体が成り立つ地平を相対化しうる位相の提示を試みたものであることは確かである．

図出典

（あ）文献【12】46 頁より．
（い）同前，53 頁より．
（う）筆者作成．
（え）文献【12】128 頁より．
（お）同前，159 頁より．
（か）文献【60】下 69 頁より．
（き）同前，下 14 頁より．
（く）同前，上 266 頁より．
（け）（い）再掲．
（こ）筆者作成．
（さ）筆者作成．
（し）文献【90】45 頁，部分．